女孩父母和教师及女孩必读

拯救女孩

孙云晓　李文道／著

作家出版社

女孩当自强

朱永新

去年，孙云晓兄与李文道等合作的《拯救男孩》一书由作家出版社出版，邀我写了一个序言。没有想到，这本书很快成为一本畅销书，关于男孩的问题也成为社会广泛关注的话题。据说，这本书也同时拿了多项大奖。我在序言中曾经开玩笑说，如果写一本《拯救女孩》，也许有更多的话可说。再次没有想到，云晓他们真的又完成了一本《拯救女孩》，并且让我再写一个序言。说出去的话如泼出去的水，无法收回。自然，我是无法拒绝写序的要求了。看来，人生不能够轻易承诺，否则是要为承诺付出代价的。

关于男孩女孩的问题，心理学有一门学科"儿童性别差异心理学"就是专门研究不同性别儿童的心理差异的。这门学科的研究成果表明，在一般情况下，男孩在大肌肉动作技能和力量方面占有优势，而女孩则在精细动作上占优势；男孩在言语叙述和操作方面占优势，而女孩则在言语流畅性、读写方面占优势；男孩偏于逻辑思维，女孩偏于形象思维；男孩在社会活动上对物体和事情更感兴趣，而女孩似乎对人更感兴趣。而我与朋友在多年前也写过一本《男女差异心理学》的小书，对于男女心理差异及其产生的原因进行了分析。

许多人认为，男女差异是他（她）们生理上的原因造成的，甚至有

1

人把原因直接归于荷尔蒙。我一直不同意这样的观点。马克思曾说过，一个哲学家和一个搬运工之间的差别，远远小于家犬和猎犬之间的差别。你说家犬跟猎犬之间有多大差别？无非是，一个经过人的驯化，一个没有经过驯化而已。一个伟大的哲学家和一个出卖力气的搬运工，他们的差别远远比这个小；那么，我们人和人之间的差别，男孩与女孩的差别，是不是更应该比哲学家和搬运工之间的差别还小呢？马克思说，他们的差别是社会的分工造成的。其实男孩与女孩的差别，更多的是在他们社会化的过程中，家庭、学校、社会的期望、养育方式等造成的，是生理与心理、社会因素交织影响造成的。

云晓等撰写的这本《拯救女孩》，对于女孩的生殖健康、自信心、爱与性、节食减肥、异性交往、独立性发展、暴力、体质与健康、就业等问题进行了比较全面的分析与研究，其中有许多发人深省的数据与案例。但严格地说，它还不是一本完整的科学研究著作，对于女孩的思维与认知、男孩与女孩差异的形成原因等重要问题，还没有充分展开。

之所以要指出这个特点，是想让那些看了这本书的女孩，不要因为其中讲了许多女孩的困境与问题，而自暴自弃，随波逐流。我之所以用《女孩当自强》作为序言的题目，也是基于这样的考虑。

在一个男性价值观占主导地位的社会，在一个几千年封建文化传统深厚影响的社会，"惟女子与小人难养也"、"女子无才便是德"、"女人头发长见识短"等有非常大的市场。从女孩子诞生之日开始，社会就开始自觉不自觉地让她退缩、忍让、放弃，让她成为男性的附庸。伴随着女孩子特有的生理上巨大变化的发生，女孩子往往也开始恐慌、紧张、抱怨，甚至自我厌恶、自我放弃。这也是为什么许多在小学非常优秀的女孩子到了初中高中以后开始退步的原因所在。

其实，正如我前面所说的，男孩与女孩的差别远远不像我们想象的那么大，即使是差异心理学研究的成果，也在不断受到新的挑战。在现实社会中，为什么有一些男孩具有女孩子的特点，而有些女孩又具有男孩子的特征呢？在社会的角色期望和家庭的养育方式没有根本变化的情况下，我希望女孩子能够更加努力，更加自强，在发挥自身所特有的优势的同时，学习男孩子的坚强，追寻梦想，成就自己的人生。

男儿当自强，女孩亦如此。

2011年3月23日晨于北京滴石斋

（作者系全国人大常委、民进中央副主席、中国教育学会副会长、苏州大学教授。）

推荐《拯救女孩》

朱小蔓

学者孙云晓和李文道博士在《拯救男孩》一书产生积极社会反响之后，一鼓作气再次推出力作《拯救女孩》。我十分佩服他们的敏锐和才华。

作者以理智、犀利的正义感，以长者的关怀、忧虑之情对当今中国社会少年女孩在生理健康方面的严重问题予以揭露，对其中一批女孩的不良身体行为予以批评。作者尖锐指出，许多女孩不懂得关心自己的身体，在生理健康方面出问题是现行的应试压力所致，包括有些女孩整容，也是由于学业上不能获得自信而试图以美容弥补。

一些女孩的不良身体行为让我们深深感受到时代的不良文化对年轻女孩的戕害。她们既用仍然在延续着的、传统性别秩序对女性特质的种种规定，如：柔弱、纤细、苗条等来塑造自己，又用现代消费主义、享乐主义和各类媒体中的所谓时尚女性信念与形象塑造自己。这双重压迫令一些女孩对美的认识发生畸形和扭曲，对自身的社会身份与价值产生消解和冷漠。她们中的一部分是对身体麻木不仁，更有一部分人误以为自己身体有缺陷盲目地依赖现代医学技术，让技术主宰了身体。她们的无奈与无知让我们痛心。她们过早地踏入了一种风险。

云晓一直是有教育关怀的人，他可以说是我们教育专业工作者的同行、知己。他以社会工作者、以学者的良知揭露、陈述着惊人的事实，又以长者的仁爱授以知识；他用社会学者的视野和认识工具，及时地指出女孩的问题，呼吁女孩极其需要教育关怀，这其中涉及对学校教育缺失的叩问，更有对社会风尚及广义教育的质疑。说到底，这是强烈的社会责任心和道德良心驱使他做这项有益的工作。

这本书不仅对有不良身体行为的女孩是重要提醒，对处于青春期的女孩们广有警示作用，更对不良时代风尚和生活环境给予人的负面影响给出深刻洞察；当然，它也有对科学新知和教育知识的普及。

总之，在这个追求物质、追求享乐的时代，在这个追求功利和世俗成就的时代，我们需要重新强调身与心的和谐，认识到身体不仅是自然的，也是社会的、文化的，身体具有道德意义。

（作者系国家督学、中国教育学会副会长、中国陶行知研究会会长、北京师范大学教育学部教授。）

目录

拯救女孩

拯
救
女
孩

一 少女生殖健康受到严重威胁

高中女生"闭经"令人扼腕

2010年高考结束以后,《扬子晚报》的一篇报道,引起了很多人的关注和担忧,三名女生在高考结束时被发现已经"闭经",医生认为这与过高的学业压力密不可分:

> 报道称,刚被一所重点大学录取的18岁女生小松(化名),利用暑假到医院检查身体,竟被查出闭经了。初中时小松就有月经不调的症状,几个月甚至半年才来一次月经,但是医生和家人都以为她年龄尚小,月经不正常是很正常的。进入高中,由于学业紧张,小松一门心思扑在学业上,对月经不调并没有继续就医。而事实上,整个高中三年,她竟然只是偶尔来过一两次月经!直到高考结束,"月经"这件事才排上小松的日程表,结果医院的检查结果令小松和其父母追悔莫及,小松已经闭经,并且她的子宫已经萎缩,也就是卵巢功能衰竭。
>
> 专家指出,一般正常的女性是在48岁左右出现卵巢功能衰退,卵巢早衰是女性在40岁以前发生,医学上又称之为过早绝经。在门诊中,卵巢早衰在20多岁的育龄期妇女中多见,但在

1

青春期女性中非常罕见，但是理论上也不是没有可能性。

　　小松的主治医生介绍，小松已是她治疗的第三位相同症状的高中女生。三名女生都是学习刻苦努力的好学生，从小学到中学，她们经常熬夜到深夜十一二点，有时甚至凌晨一两点还在做作业；而第二天早晨五六点，她们又早早地起身晨读、背书。这样过度劳累对女孩子的身体伤害非常大，因为夜晚深睡期间是身体各种激素分泌的高峰期，睡眠不足，会严重干扰内分泌功能，影响青春期的发育。

　　南京市妇幼保健院的专家介绍，在医学上有一种特定的疾病"青春期闭经"，目前发病的原因还没有明确，但从临床上看，与学业压力有一定的关系。

　　月经紊乱除了因为女性发育不完善以外，还可能与一些功能性的疾病有关，这应该引起父母的足够重视，以防孩子错过治疗时机。专家指出，长时间月经失调对于女性健康是有一定危害的：长期闭经可能会导致不孕。长期闭经会造成卵巢的结构功能退化，而这个过程往往是不可逆的。对于那些尚未做妈妈的女性来说，如果卵巢停止生产卵子，将导致其不孕。

　　三个女孩的经历令人痛心，如果及早发现，引起重视，这或许是可以避免的悲剧。但可悲的是，父母和老师们往往把全部的精力放在孩子的学习上，却很少考虑孩子身体发育的需要。青春期女孩身体内发生着十分复杂的变化，无知和忽视所造成的伤害可能酿成难以挽回的悲剧。

少女痛经：一个更为普遍的现象

　　舒畅是一个勤奋又聪慧的女生，从小学到初中成绩总是名列前茅。但是，有一段时间，她每次月考的成绩都很不理想，这让她感到异常苦恼，父母也很不理解其中的缘由。又一次失败的考试过后，在母亲的耐心抚慰下，神情黯然的舒畅终于说出了她的苦衷。

原来，学校每次月考的日子总是和她的月经期碰在一起。更糟糕的是每次月经来的时候，她都会有一两天下腹剧烈疼痛，折磨得她疲惫不堪、精神恍惚，根本无法专心考试。刚步入青春期的少女不知道该如何向别人询问这方面的问题，甚至连面对自己的母亲也觉得难以开口，只好一个人默默忍受。

舒畅所经历的情形在医学上称作"痛经"。事实上，为痛经所苦的女生很多。在妇科医生眼中，痛经是最常碰见的问题之一，月经初潮不久的少女、未婚未育的年轻女性是痛经的多发群体。

康健教授的发现

为了写作《拯救女孩》，2010年暑假的一天晚上，我们采访了北京大学教育学院康健教授。康健教授既有深厚的学术修养，又曾长时间担任北大附中校长，对当今中国教育有着深刻而独到的认识。当谈及当代女孩的身体健康时，康健教授提到了一个特别令他担忧的发现。在任职校长期间，他曾给学校医务室布置过一项任务，对学生的疾病就诊情况进行统计监测，以了解在校中学生的多发疾病有哪些。结果令他大吃一惊，与感冒、外伤这些常见疾病并列的，居然是女生的痛经。

康教授没想到，有这么多女生默默忍受着身体的痛苦。现在中学生的学业负担是如此之重，康教授不由得深深地为女生们的健康担忧。

痛经的发生率

由于统计的年龄组差异、每个人对疼痛的感觉不同，缺乏客观的测量疼痛程度的方法，各种研究所统计出的痛经发生率不尽一致。

1980年全国女性月经生理常数协作组报道，女性痛经的发生率为33.19%。

2000年全国女性月经生理常数协作组报道，女性痛经的发生率为56.06%。

对某校女高中生的调查表明[1]，痛经发生率为58.09%，其中轻度占48.10%，中度占47.34%，重度占4.56%。

痛经的影响

据媒体报道，每年高考，总有女生因为严重痛经影响考试。2010年高考时，《京华时报》报道，北京一名女生因为痛经而出现呕吐等不适，考点外驻守的急救医务人员为她打了一针止痛针后，情况方得到好转。在老师的鼓励下，女孩坚持考试。还有一名重庆的女生由于严重痛经，上吐下泻，直不起身子，数学试卷只做了一半。虽然没有统计数据，但可以想见，因为痛经而影响高考的女生一定不在少数。

大多数女性都会在一生中的某段时间体验到痛经。痛经有时在经前一两天就开始了，有的在月经来的那天才开始，有的在月经的第二天才发生。痛经通常会持续两到三天，但是有些时候只持续一天或几个小时，也有些女性整个月经期间都有痛经。大多数人只感到下腹稍微不舒服，不会影响正常的活动。但是，也有不少女孩子可能痛得无法忍受而在床上打滚。除了下腹疼痛之外，痛经的女生有时还会有全身虚弱、食欲不振、恶心、呕吐、出汗、昏厥和头疼等症状，以至于无法上学。

今天的成年女性比以往面临更多的妇科问题，各种妇科疾病的发病率明显上升，这与少女时期的生理发育恐怕不无关系。家庭、学校对少女的生理卫生和保健教育重视不够，甚至完全缺失。父母和老师对少女生殖健康问题，有时也难以启齿。少女时期本身是女性一生中疾病低发的一段时期，因此，她们的健康问题常常被忽略。

然而，少女在生理上的变化是如此之大，她们的身体正在为人生中生儿育女、繁衍后代的重要时刻做准备，对少女生理和健康的忽视，将可能导致无法挽回的伤害。

知识链接：痛经的原因

　　少女的痛经通常是原发性痛经，也就是说生殖器官并没有什么器质性病变，但每次月经来时，下腹部便发生疼痛或绞痛。少女也会发生继发性痛经——由子宫、阴道或处女膜的先天畸形等原因而引发的痛经，但通常很少发生。

　　造成痛经的原因很多。一些学者强调心理因素是造成痛经的主要原因之一。面对痛经的女孩，有时可以从下面这些问题中找出线索：

※　她了解月经的意义吗？是否将月经视为一种病，一种不愉快的经验，认为月经是不洁的、可怜的，甚至是可怕的；

※　她是否从其他痛经女性（如母亲）那里听说过痛经的痛苦？

※　她的家庭中人际关系如何？是否父母的婚姻生活不愉快，是否她要以痛经为工具，获得父母更多的关爱？

※　她在学校功课如何？经常运动吗？是否要以痛经为借口逃避上课或考试？

※　她的精神状态怎么样？是否在经受着很大的压力？

　　很多人认为，疼痛以及痛经中的许多不适都是非常主观的。

　　每个人对疼痛的耐受力不尽相同。如果患有贫血，女性对疼痛的耐受力会减低许多，工作、学习劳累过度或运动过度时也会造成类似的情况。这两种因素也会使女性容易感受痛经。

　　但是原发性痛经并不仅仅是心理因素在作怪。

※　月经期间，子宫内膜剥落时，身体会分泌一种称为前列腺素的化学物质（前列腺素会造成子宫肌肉收缩，帮助子宫内膜剥落），有些女性的前列腺素分泌过多，子宫强烈收

缩，因此造成痛经。

※ 月经开始后一段时间内，经血里常混有大血块。未分娩过的年轻女性子宫颈管坚硬、狭窄，在血块通过时可能会感到格外疼痛。

※ 大片的子宫内膜脱落，堵住经血的出路，也会导致痛经。

对月经的无知与避讳

月经是女性最正常最自然的生理现象，但却一直被千方百计地掩藏。体育课上一脸尴尬、支支吾吾地向老师请假，书包里的卫生巾要小心隐藏以免被嘲笑，这些习以为常的做法，显示出我们对女性的生理是多么的不尊重。长期以来，月经始终是一个禁忌话题。月经似乎是不干净的、不纯洁的、病态的，而且与性紧密相连，应该被掩盖起来，隐藏起来，这些悄悄流传的观念让女孩子不知道该如何来对待这一切。一位中学女生回忆起初次月经时说：

> 我初三时才"倒霉"（用"倒霉"指称月经，流露出许多女孩对待月经的避讳态度），什么都不明白，以为"倒霉"的时候和男孩在一起，就会怀孕。我一点都不懂，特别害怕，起初我都不敢和男孩坐在一起，包括我的父亲。我妈妈什么都没跟我讲过，没告诉我已经长大成人。一切都是自己在摸索。

有的女孩对月经小心翼翼，担心自己的"不干净"可能会被别人注意到；有些女孩对月经心怀恐惧，把月经看成受苦、倒霉，把它与剧烈疼痛和糟糕的情绪联系在一起；有些女孩则大大咧咧，对月经视而不见，仿佛可以忽略月经似的。

月经是女孩青春期最明显的身体变化之一。对月经的无知和歧视态度，对女孩身体和心理发育的危害是不言而喻的。一位中年女性这样回顾自己的月经初潮：

> 我在11岁时就月经来潮，当时可把我害苦了。我母亲看起来神经紧张，而且真的不想讨论它。我父亲根本就完全忽视了我。当我哥哥发现时，他取笑我并冲我做鬼脸。我觉得脏，对我的身体发怒。以前，我曾像个男孩子一样——骑马、游泳、爬树。而在"每月那个时候"我很低沉，至今如此。我真的感到自卑，就好像那以后我失去了某些珍贵的东西，可能是我的自由或自尊。

如果女孩子不了解自己身体的运转，不能接受身体的变化，她不仅无法给身体应有的照顾，还会在心理上严重伤害自己。令人忧虑的是，有太多的女孩对自己的身体一无所知，或者受到错误观念的误导，父母和学校也不注重女孩的生理保健，任由其受到许多不良因素的伤害。

知识链接：月经周期是一个复杂精密的系统变化过程

　　每个即将进入青春期的女生都想了解，月经是怎么回事？但事实情况是，女生对月经和其他生理方面的了解少得可怜。
※　每个月经周期内，女孩身体内发生的变化是十分复杂的。青春期生理的变化是在神经系统和内分泌器官的微妙协调控制下产生的。简单地说，月经周期是由这样一个"轴线"相互控制形成的：大脑—脑垂体—卵巢—子宫内膜。大脑收集身体状况与周围环境信息传递，经过下丘脑整合后发出指令释放促性腺激素释放素（GnRh），其主要作用是刺

激脑垂体分泌促性腺激素，主要是促黄体生成激素（LH）和促卵泡成熟激素（FSH），这两种激素可以调节卵巢功能，使其排卵并且分泌雌激素与黄体酮。每个年轻女孩的卵巢中都储存着数以千计尚未完全成熟的卵子，每一个月，在这些激素的作用下，会有一个卵子在卵巢中完全成熟。同时，子宫内膜开始逐渐增厚，在生长出新的血管和海绵体，为卵子受精、胚胎在子宫内安家做好准备。

※ 如果卵子没有受精，那么，它就不再需要子宫里厚厚的内膜。这些信息被反馈给下丘脑和脑垂体，调节激素的分泌量，导致子宫开始去除这些内膜。成片的充满血液的内膜从子宫壁上滑落下来，从阴道口流出，形成月经。

※ 在月经期间流出的经血量因人而异，通常每次月经总量在50—80毫升。经血并不是纯粹的血，里面混杂着一些脱落的子宫内膜、子宫颈黏液及阴道分泌物的混杂液体。因此一般情况下，流出的血液量并没有一些女孩自己认为的那么多，并且很快会在身体内得到补充。

※ 经血慢慢地流出体外，可能需要三四天到一个星期左右的时间。一旦流血停止了，子宫开始生长新的内膜，为下一个成熟的卵子做准备。如果下一个卵子仍然没有受精，子宫内膜又开始分解，另一次月经又开始了，就这样循环往复。

※ 刚开始来月经的女孩，她们的月经周期可能并不规律。她们的身体需要一段时间才能适应行经和排卵，通常在两三年之后才能形成规律性的月经周期。从一个月经周期开始的第一天到下一个月经周期的第一天平均需要28天左右，但事实上，很少有女孩会年复一年地重复28天的月经周期，可能这个月是29天，下个月也许是30天。

> ※ 女性的生理变化真是一个奇妙的过程，月经之所以能每个月较为准时地报到，需要体内各内分泌器官之间的巧妙协调合作。当体内外的变化影响到这些器官中的任何一点，使其功能发生异常时，月经周期的障碍就可能产生了。
>
> ※ 伴随着月经周期内激素水平的变化，女性的生理和心理呈现出周期性的改变，就像大自然有节奏的变化一样：春夏秋冬，潮起潮落。帮助女孩了解自己的身体，感受身体节奏的变化，学会解释自己的身体和身体变化，她才能够给予自己恰当的照顾，并对自己的身体感到满意，月经和激素变化给她所带来的问题也就越少。

学业压力是女孩生殖健康的最大威胁

在青春期，不仅女孩的骨骼在加速生长，她们的生殖器官也会经历一个加速生长阶段。阴道在长度上几乎增加两倍，卵巢和输卵管也在增大，子宫连同宫颈也在生长。随着子宫的生长，子宫的形状和位置也在发生改变。这些改变因为更为隐蔽而很少引人注意。

生殖器官的发育主要是在激素的推动下完成的。青春期始于大脑内的脑垂体，它分泌的促性腺激素，促使卵巢发育长大，卵泡成熟，产生雌激素。女孩身体的许多变化，包括乳房、子宫、阴部、臀部的发育，臀部脂肪组织的增多等主要都是雌激素作用的结果。许多妇科疾病的产生大都或多或少地与内分泌失调有关，如果激素分泌异常，就会影响子宫、卵巢等器官的发育，甚至影响将来的生育功能。

如前所述，脑垂体分泌激素的活动受到神经系统的调节，神经系统收集身体内外的信息（如身体的健康状况以及环境压力等等），经由下丘脑传递特定的信号给脑垂体，从而指挥脑垂体分泌促性腺激素。因此，营养、情绪、睡眠、环境、运动锻炼等均会影响这一复杂的内分泌系统，进而影响到少女的生殖健康状况。

睡眠

睡眠当然会影响少女的生殖健康。人的睡眠主要有两种不同的类型：快速眼动睡眠和非快速眼动睡眠。在一个正常的睡眠周期中，这两种睡眠交替出现。在快速眼动睡眠中，大脑相当活跃，伴随有大量的脑电活动。有证据显示，如果我们没有得到足够的快速眼动睡眠，那么第二天时我们的身体就不能很好地运转，学习和记忆能力也将受到影响。在非快速眼动睡眠中，大脑很安静，但许多重要的身体功能运作正在进行之中，比如身体在释放生长激素、促性腺激素，卵巢也在释放雌激素。因此，如果睡眠不足，就会干扰内分泌功能，阻碍少女生殖系统的健康发育。

对于青春期的女孩，保持充足的睡眠非常重要。成年人一般需要每天8小时的睡眠，对于快速成长中的青少年来说，其每天的睡眠时间应该超过8小时。但是现在的孩子们每天要做的事情太多了。除了很早到学校上课，很晚才下课，放学后还要去上各种各样的家教辅导课程，如钢琴、绘画、舞蹈，晚上还有一大堆作业等着他们。大多数中学是上午8点左右开始上课，孩子们至少要在7点起床（事实上，在很多大城市，由于择校等原因，导致很多孩子要在上学路上花很多时间，不得不更早起床，通常在7点之前就要离开家了）。按每天9小时的睡眠时间计算，他们至少要在晚上10点以前上床睡觉。但是，很少有中学生能在这个时间上床睡觉。中国青少年研究中心的调查显示，从1999年至今，中国的中小学生半数以上睡眠不足，学习超时，而且情况越来越严重。"大城市少年儿童生活习惯研究"调查显示，平时学生睡眠情况是：小学生平均每天9.03小时，不足10小时的占66.6%，不足8小时的达到1/4；中学生平均每天7.88小时，不足9小时的占77.1%，不足7小时的达到1/3。48.2%的学生自己明显地感觉到睡眠不足。

运动

运动锻炼对少女的生殖健康非常重要。在校女生如果不注意锻炼，常常久坐不动，很容易导致血液循环变差，经血运行不畅，引发月经不调和痛经。现实让人忧虑：今天的孩子们坐着不动的时间更长了，运动的时间更少了。大多数孩子的闲暇时间，不是坐在电视机前，就是坐在电脑前，交友、娱乐、购物也可以在网上完成，他们只需要靠在椅子上，一动不动。在学校里，成绩和升学往往被视为第一要务，体育课和课间活动也被大大压缩。青少年每天至少应该从事60分钟中度到强度的体育活动，但达到这一标准的学生比例很低。女生缺乏体育锻炼的情况更为严重，一项对学龄儿童的国际调查表明，几乎在所有的国家和所有年龄段中，女生进行日常锻炼的比例都低于男生。

适当地参加体育锻炼对于青春期的女孩来说尤其重要。运动能够刺激大脑，提高学习效果，通过促进大脑血液循环，为大脑提供休息时间，并刺激神经传递介质（如去甲肾上腺素和多巴胺）的释放，这种物质可以强化和激励学习过程。适当的体育锻炼，不仅帮助她们保持健康的体形，还可以增强腹部肌肉和韧带的力量，增加柔韧性，改善微循环，使子宫动脉血流量增加，血流速度加快，缓解子宫缺血，减少月经紊乱、痛经等问题的发生。经常参加体育锻炼的女生，对自己的身体会更加满意，更有自信，情绪更稳定，精力更充沛，也更有活力，这也有助于减少痛经发生的频率，减缓痛经的强度。

学业压力

长期的巨大的学业压力及其导致的精神紧张，必然会影响到少女的内分泌功能。据中国青少年研究中心的一项调查显示，相当多的中小学生因考试或学业压力而心情不好（76.2%）、郁闷（55.4%）和烦躁（54.2%），相当比例的儿童因此睡不着（38.2%）、不想学习（25.1%）、自卑（24.5%），还有一些儿童甚至对生活绝望（9.1%）。

与男生相比，女生的学业压力更大。中国青少年研究中心2009年对1800多名高中生的调查表明，女生每天做作业以及额外学习的时间都多于男生，47.4%的高中女生每天做作业在两小时以上，35.1%的女生除了学校上课、做作业外，每天还要额外学习两小时以上，比例均高于男生；67.3%的女生"非常想提高成绩，也愿为之拼命努力"，多于男生，而男生"想提高成绩，但不想太辛苦"的多于女生。

神经生物学的研究发现，女性的大脑在处理压力时有自己特殊的方式。当女孩处在持续的压力情况下，她们大脑中的皮质醇含量会升高，这是一种在压力情况下产生的保护性激素。当皮质醇含量上升时，大脑其他区域和其他激素的活性则会下降或失去活性。这种激素对女孩和男孩大脑的影响有不同之处。压抑状态下的女孩大脑有更多皮质醇，并且大脑其他区域如海马的活动会出现异常，同时大脑中会出现更多的促肾上腺皮质激素释放因子，这是一种使人感到压抑的化学物质，使女孩变得沉默、孤僻，不愿意和人打交道。然而，男孩在过度压力状态下较少表现出压抑，而较多表现出暴力倾向，这是因为当男性大脑中皮质醇激素升高时，他们的大脑做出的反应是比较低级的边缘系统、杏仁核、脑干变得活跃，因此他们往往用暴力来发泄内心的压力，或者吸毒、喝酒，或者做出危险的举动。

学业压力不仅直接影响到少女的内分泌生殖健康，而且还会间接影响到女孩的睡眠与运动状况。那些承担着巨大学业压力的女孩，为了取得好成绩，长时间伏案学习，很少运动，连睡眠的时间都大大缩短，她们的内分泌系统又如何能够正常运转呢？

学业压力是女性生殖健康的最大威胁！

教育的目标是促进人的发展，而发展首先是身体的生长。儿童的健康生长需要充足的睡眠和休息、充分的运动和游戏等等。遗憾的是，今天无论是家庭教育还是学校教育都严重忽视孩子的身体发育，剥夺孩子的睡眠和运动，等于从根本上剥夺她们生长的权利，这是人生失败之源。如果我们继续忽视学业负担对女孩健康、女孩生命的损害，那么不久的将来我们必将尝到其恶果。今天女孩的健康，决定着未来母亲的健康，这是关乎民族未来的大事！

关注女孩生殖健康——拯救女孩的五个建议

建议一：告诉女孩关于月经的知识

今天的女孩进入青春期的年龄更小。根据中国学生体质调研的结果，从1985年到2000年，城市女生的平均初潮年龄从13.09岁提前到12.78岁，乡村女生的月经初潮年龄则从13.80岁提前到13.22岁。有的女孩可能9岁就开始有月经了，也有的女孩要等到14岁或15岁才有第一次月经，这些都有可能是正常的。

在月经到来之前，父母最好应该让女儿对即将发生的情况做好心理准备。前面我们谈到，月经是一个神奇的过程，了解这个奇妙的过程可以缓解很多女孩的不安。事实上，即使父母没有跟女儿直接谈论过月经，她们也会从各种途径，包括父母无意识的言行中，了解到一些支离破碎的信息，而其中有许多可能是对月经的偏见。比如，好多女孩从一开始就把月经看成肮脏和不洁的（人们常用"倒霉了"来指代月经），这会给她们的自我意识带来很大的冲击。

母亲对月经的态度，对女儿来说至关重要。母亲要认真考虑自己对月经的态度，是否将它看做正常的，而不是烦人的和痛苦的经历，避免在无意识中把一些负面的看法传递给女儿。要知道，月经和月经周期中蕴藏着女性完整的生育能力，绝对不是一件令人羞耻的事情。有研究者指出，母亲对女儿来月经和身体上出现的变化保持沉默，女儿会把这看做是对其女性角色的排斥。

如果女儿感兴趣，母亲可以给女儿讲讲自己的青春期，或者回忆一下当时自己的姐妹或好朋友是如何看待月经的。如果年轻时您对月经的看法是负面的和有偏见的，那么在跟女儿分享当时的看法之后，还要一起去反思这些观念，共同了解关于月经的科学知识。这对提升女儿的自我认同感很有帮助。

因此，明智的做法是，对青春期女儿的身体变化保持关注，激发她对女性身体运转的兴趣，帮助她了解自己的身体，知道月经周期时她的身体在发生什么样的变化。这将有助于她们接纳自己，建立良好的性别角色意识。

建议二：记录月经周期，明了身体变化

记录月经周期是十分重要的。应该鼓励女孩养成习惯，在每次来月经时，在日历上圈出第一天的日期。记录自己的月经情况，有助于女孩描绘出自己月经来潮的模式，预测下次的日期，并清楚地了解有无月经漏来的现象。

此外，也可以记下发生的其他事情，如发生了什么使她不安的事情，担心考试，跟朋友吵架了，写作业到几点，睡了几个小时，有何感受，是否感到紧张或脾气暴躁等等。这样，女孩就会对自己一个月的生活和情绪有个概括的了解，发现哪些事情会影响自己，学会正确地解释它们，从而掌握自己的生活节奏。

知识链接：一次月经周期的4个阶段[2]

※　第一阶段：月经周期的第1—2个星期。雌激素和内啡肽水平逐渐提高，女孩情绪稳定而活跃，常常会觉得生活悠闲而轻松。雌激素是对女孩的身体、精神和情感最有影响力的荷尔蒙，它还控制着4种重要的神经递质：去甲肾上腺素、5-羟色胺、多巴胺及乙酰胆碱。这些神经递质主要是控制情绪的稳定、思考的过程、理解力、记忆力、亲昵行为的动机、爱好、焦虑以及女孩如何处理外来的压力。

※ 第二阶段：月经周期开始两个星期之后。雌激素水平上升后会突然降低，女孩可能会感觉孤独、忧郁，有些女孩可能会碰到情绪调节方面的困难，情绪波动较大，甚至会感觉自尊一落千丈。

※ 第三阶段：排卵期和排卵后期。雌激素水平又开始上升，孕酮也开始增加，而且在排卵期后大约七八天达到顶峰。孕酮的增加也起着稳定情绪的作用。女孩在这一阶段常常会感觉良好。

※ 第四阶段：后期。雌激素水平降低，接着孕酮和内啡肽减少，情绪状况恶化，表现为生气、神经过敏、易怒、悲伤、失望、缺乏自尊。

建议三：争取更多的睡眠时间

对于青春期的女孩，保持充足的睡眠非常重要。成年人一般需要8小时睡眠，对于快速成长中的青少年来说，其睡眠时间应该超过8小时。

希望父母和老师能够认真想想睡眠不足的伤害，不要在青春期给孩子的未来幸福埋下隐患。父母可以通过合理的时间安排、减少课外辅导课程，以及培养孩子良好的时间管理习惯和作业习惯，来为孩子赢得更多的睡眠时间。

建议四：坚持锻炼，培养良好的身体感觉

更多地参加体育锻炼对于青春期的女孩来说尤其重要。适当的体育锻炼，不仅帮助她们保持健康的体形，还可以增强腹部肌肉和韧带的力量，增加柔韧性，改善微循环，使子宫动脉血流量增加，血流速度加快，缓解子宫缺血，减少月经紊乱、痛经等问题的发生。

经常参加体育锻炼的女孩，对自己的身体会更加满意，更有自信，

15

情绪更稳定，精力更充沛，也更有活力。跑步等有氧运动，可以释放出一种叫内啡肽的物质，它可以令人感到安宁、舒适和满足。瑜伽则有助于改善心境，有助于女孩保持平静安详的情绪和控制感。

鼓励女孩尽可能多地从事体育锻炼，除了传统的女性运动项目，如瑜伽、健身操等，也要鼓励女孩多参加团体运动项目。父母是女儿最好的榜样，让孩子看到父母在跑步、做仰卧起坐或俯卧撑、跟着健身操的节奏运动等等，都可能引起她的积极仿效。

知识链接：对付痛经

※ 加热：加热可以促进血液循环，能够减轻痛经。比如，冲个热水澡，喝一杯热茶，使用热水袋、暖身袋或用手轻柔地按揉腹部。

※ 运动：经常进行体育锻炼的女性，痛经会轻得多。有氧运动可以向组织供氧，能够缓解前列腺素的作用。比如跑步、散步、跳绳、体操或瑜伽等。

※ 如果要使用止痛药，应先向医生咨询。

建议五：健康饮食

青春期的很多女孩都怕长胖，在吃的方面往往会有些苛刻和挑剔。父母要让女孩明白，在她们身体发育的时候，体重的改变会非常大，甚至在几天内也可能有起伏波动，比如月经来的那几天，体重都可能比其他时候有所增加。对青春期女孩来说，脂肪贮存是挺正常的一件事情，它帮助维持身体机能的良好运转。女性储存脂肪的能力通常是男性的两倍，这不但有助于将来怀孕和哺乳，而且是健康的生殖系统所需要的，当女孩体内的脂肪含量过少时，她可能会停经。

青春期女孩的生长变化非常快，她们比成人和儿童需要更多的营养。

为了维持健康，女孩每天需要吃各种各样的食物：

    ♀   大量的谷物：米饭、面食、谷类、面包

    ♀   大量的蔬菜和豆类

    ♀   大量的水果

    ♀   适量的奶制品

    ♀   适量的鱼、肉、蛋、坚果等

一

少女生殖健康受到严重威胁

发现女孩

　　亲爱的读者朋友，现在您已经踏上发现女孩之旅，您将有机会从各个方面了解女孩独特的生理及心理状况，了解那个看似熟悉、但实际上未必真正了解的女孩世界。

　　发现女孩之旅分10个专题，分别介绍女孩10个方面的特点，我们相信这将有助于您对女孩的了解，有助于女孩的教育与健康成长。

☛ 发现女孩之一：性激素

一、性激素

　　性激素是人体内的一种重要化学物质，主要有雄性激素和雌性激素两大类。性激素在人体内的含量极少，但其作用却极其巨大。

　　在女孩体内，涌动着的既有雌性激素，又有雄性激素，只不过因性别不同而水平不同。在青春期阶段，女孩体内的雌性激素是男孩的8—10倍，男孩体内的雄性激素是女孩的15倍。正是因为少量雄性激素的存在，所以在青春期到来时女孩嘴部开始生出一些黑色的、类似胡须的绒毛，这是一种正常现象。雌性激素对女孩的性发育具有非常重要的作用，从某种程度上可以说雌性激素塑造了女孩和女人。

二、性激素与性别形成

　　性激素在性别的形成与发展过程中发挥着非常重要的作用。

在胎儿期，性激素的种类和数量直接决定着性别及诸多性别特征的形成。

受精卵最初发育成胚胎之时，只有一个尚未发育的看不出性别的中性性腺，男孩和女孩在外形上看起来几乎是完全相同的。到第八周时，男性胚胎收到指令，其睾丸开始大量分泌两种雄性激素——睾丸酮和缪勒式抑制物质，睾丸酮的作用是促进男性内部生殖器官的发育，而缪勒式抑制物质的作用则是抑制女性内部生殖器官的发育。正是在这两种激素的作用之下，中性的性腺最终发育为男性生殖系统。在异常情形下，有一些男性胚胎没有收到分泌以上两种激素的生物指令，没有分泌这两种激素，其性腺将自动发育为女性生殖系统。正常情形下，女性胚胎不会收到这种指令，也不会分泌以上两种激素，胚胎的性腺将自动发育为女性生殖系统。因此，在生理学上，女性又被称作"默认的性别"。

如果母亲在怀孕期间体内含有较高水平的雄性激素，女性胎儿出生后更容易表现出一些男性化的特点，因此，医生往往建议孕妇不要服用各类含有性激素的药物。

三、性激素与大脑

在胎儿时期，高浓度的雌性激素还改变女孩大脑的结构，走上与男孩不同的发展道路。

一是加强了连接大脑两半球的神经纤维——胼胝体的连接效果，增强了大脑左右半球之间的联系，从而使女孩的两个半球较为均势，而男孩的左半球真正成为优势半球。

二是使女孩的语言功能较为均衡地分布在两个脑半球，而男孩的语言功能主要定位于左半球。

三是改变了大脑的发展顺序，女孩与语言相关的脑区发展快于男孩，而男孩与空间和运动有关的脑区快于女孩。

四、性激素与青春期发育

在青春期开始时，女性体内的雌性激素水平迅速上升，启动了青春期发育的进程。雌性激素水平的上升，加速了女孩第一性征和第二性征的出现。

在第一性征方面，雌性激素刺激女孩的性生殖器官（如阴道、子宫等）迅速发育成熟。

在第二性征方面，雌性激素刺激并维持女性的第二性征，使脂肪和毛发分布具女性特征，乳腺发达、产生乳晕、骨盆宽大等，女孩在身体外形上呈现迷人的"S"形曲线。

二　极易失落的自信心

许多女孩寄希望整容来提升自信

2010年11月15日，一条令人震惊的消息迅速出现在众多媒体：

王贝——曾经的超女，一个曾与李宇春同台竞技的活泼可爱的女孩，在医院实行整容手术时，因失血流入气管造成窒息，最终抢救无效死亡。

很多人都很遗憾，更多人感到困惑不解：王贝已经很漂亮了……

近几年，整容低龄化的现象引起了许多媒体的关注。不仅一些刚参加完高考的学生利用假期整容，希望以一个崭新的形象迈入大学校门，一些十四五岁的初中学生也要求整容。2010年4月13日《中国新闻网》就报道了"15岁女生要削骨瘦脸"的消息：

　　一个刚过15岁、正读初二的少女因为不满意自己方正的国字脸，一直寻思着去整容，要把自己的脸型"削"成瓜子脸。她去咨询过的整容医院也极力鼓动她去动手术，说年纪小不是问题，一定会帮她变得漂漂亮亮的。

　　《宁波晚报》报道，这名女生的妈妈李女士致电该报新闻热线称，女儿快要对整容"走火入魔"了，自己和丈夫怎么劝她也不听，要不是整容手术费用很高、必须由父母来支付的话，女儿很可能已经跑去整容了，真不知道该怎么办才好。

宁波大学医学院附属医院整形美容中心的任森洋副主任医师认为，这名初二女生现在不适合做瘦脸整容手术，因为她只有15岁，骨骼还没有充分发育。如果她现在做了"削骨"瘦脸手术，很可能会暂时漂亮一段时间，但骨骼发育完全后的效果就很难预测了。目前流传的"年龄越小整形手术效果越好"的说辞是不可信的。

另据《金黔在线》2010年8月26日报道，贵阳一位14岁女孩在妈妈陪伴下到医院咨询隆鼻、双眼皮以及改脸型等整容手术，均被医生拒绝。此前，广州出现过13岁女孩隆胸的报道，南京也发生过12岁的女孩割双眼皮的事情。《大洋健康》援引深圳多家医院整形科的介绍，每年寒暑假整形的顾客人数都比上一年同期增长30%—50%，5—6成的整形者是学生。其中，不乏未成年的青少年，甚至低至10岁左右的男童女童也会来医院咨询整容事宜。在这支未成年整容大军中，女性占据绝对多数。英国女童军的调查发现，年龄在16—21岁的女孩子中有一半会考虑通过整形手术让自己"更苗条、更漂亮"；年龄在11—16岁的少女考虑接受整形手术的比例为46%。

对于整容低龄化现象，留美博士朱灿明显感到，相比美国，国内整形低龄化来得更早。他在美国做整形医生5年间，从未接诊过25岁以下的患者。

许多少女希望通过整容手术来提升自信，获得更多的关注，获得更多的发展机遇；还有些女孩是为了与同伴攀比，希望自己更受欢迎。

◇ 刚参加完高考的小蕾告诉记者，当今社会竞争越来越激烈，要想在激烈的竞争中胜出，就必须使自己在各个方面力求出众。因此，小蕾打算利用假期对自己脸部不是很满意的地方进行改造，以一个崭新的形象迈入大学校门。她说：

"虽然整容会花费一些精力和财力，可是在大学校园里，我会变得更加自信。"

◇　15岁的小萌要求医生帮她把鼻子隆成章子怡那样的，原因是想和"班花"一较高下。"同学们说'班花'长得像范冰冰，都捧着她，我除了鼻子不太挺，哪点比她差？"

◇　一个年仅10岁的女童要割双眼皮，陪她前来的妈妈比女儿的愿望还要迫切，而理由居然是几个好友的孩子都是双眼皮。

一些父母还认为，在竞争激烈的职场上，以貌取人已是事实，整形可增强孩子自信，对孩子今后就业、找对象都有好处，可以说是一种长线投资。

未成年少女并不适合做整容手术

对有些未成年少女热衷整容，我们深感忧虑，因为她们并不适合做整容手术。

未发育成熟的身体

未满18岁的孩子，身体尚未发育成熟，还处于长身体的阶段，身材和面部都有可能不断发生变化。值得警惕的是，随着身体的发育，即使已经做好的整形也有可能发生变化。特别要强调的是，受大量激素分泌的影响，青少年全身各系统处于快速发育过程之中，但是这一阶段的面部发育却相对迟缓。不少青少年的身体虽然已呈成年体型，却依然有着一张"娃娃脸"。以鼻子发育为例，儿童时期由于鼻背及鼻根部的骨骼尚未完全发育好，外观看上去鼻梁低平，眼距较宽，这种现象要到青春期后方会有所改变，鼻梁才会逐渐隆起。如果在鼻骨尚未发育完成之前就实施隆鼻手术，植入的人工鼻梁体就有可能会影响鼻子的后期发育。

尚未稳定的心智及审美心态

美的标准是主观的，社会的审美标准是在不断变化的，环肥燕瘦，都曾是美的标准。以美国为例，在20世纪六七十年代，梦露那种丰腴的身体是美的标准。而现在，随着时尚产业及传媒的不当宣传，许多人以瘦为美，追求所谓的"骨感"。而明天，也许人们会认识到这种审美标准的危害而树立一种更为健康的审美观。

更重要的是，青春期少女的心智尚未成熟，自身的审美观正在不断形成和改变之中，审美的标准也极不稳定，极易受到时尚潮流的影响。我们知道，整容手术往往是不可逆的，一旦整容，将来有一天，发现自己不喜欢所整的面容，想恢复原本的容貌已不可能，往往会追悔莫及。

因此，专家呼吁，青少年应尽量避免隆乳、吸脂、隆颌等与年龄不适宜的手术。因此，选择整容手术，一定要等到身体、心智发育成熟以后再行实施。

过度关注外表让女孩更容易失去自信

青春期少女热衷整容，既让我们看到了她们对美的追求，同时也反映出了她们自信心的缺乏。不少学者指出，很多少女正是由于缺乏自信心，或是想要以美丽出众的外貌引人关注，所以才想到整容。英国女童军的调查结果显示，年龄在16岁以下的少女中，学习成绩差的考虑手术美容的人占81%，远远超过同龄人的平均值。容易失去自信似乎是青春期少女普遍面临的一个问题：

◇ 美国的一项调查表明[3]：2/3的女孩遭受着青春期自信心大幅
   跌落的痛苦：对自己的情感与评价，一下子变得没有了把
   握；另一方面，与童年时代相比，感到突然缺少了自信。
   她们的注意力集中到了自己的外表和获得男孩的好感上面，
   而不是学校的学习上。

◇ 美国大学妇女协会的一项研究[4]调查了3000名儿童，结果发现：女孩到10岁时就已经开始觉醒，并且特别有自我意识。与同龄的男孩相比，她们显得压力更小。一旦她们进入青春期，情况就发生了急剧的变化，女孩对自己没有多少自信，同男孩相比，认为自己没有多少能力，对生活也没有多大的期望，对自己不满意的女孩高达70%以上。

◇ 针对白人的一项调查表明：在小学时，55%的男生和45%的女生认为自己"在很多方面有专长"；在高中期间性别的差距更大，有42%的男生说他们"在很多方面有专长"，只有23%的高中女生有此类看法。

◇ 西蒙斯等人的研究[5]发现：刚步入青春期的女孩与男孩相比，她们的自尊水平较低，自我意识较不稳定，她们更可能关注自己的消极面，对自己的能力缺乏信心，常常为他人是否愿意与其在一起而担心。

◇ 布洛克和罗宾斯的研究[6]发现：总体来说，从儿童期到青春期，男性的自尊趋于增高，女性的自尊趋于降低；与男性相比，女性的自尊到了青春期以后下降的幅度更大。

这些研究发现是否让您觉得震惊？因为当今的父母大多非常注意从小鼓励女孩自信，不输给男孩，进入中学之前，女孩们也的确让父母觉得自豪，她们自信满满，在学校表现出色。而在进入中学之后，女孩的活力和自信却会出现下降。事实上，如果您知道近年来女孩在各个层次上的学业表现都远远优于男孩的时候，会对青春期女孩自信心的失落更感困惑。

在写作《拯救男孩》一书时，我们发现，几乎在每个学龄段，男生的学业表现都落后于女生。在小学和初中阶段，男生在学校的整体表现不如女生，考试成绩落后，班队干部、三好学生也以女生居多。即使在高中和大学阶段，女生的学业优势依然明显，高考状元女生占到六成多，男生不足四成，大学的国家奖学金获奖者中女生人数是男生的两倍。

很显然，在青春期，学业表现并不是女孩自信降低的主要因素。很多研究者指出，造成自我价值降低的主要因素是女生对自己身材和相貌的满意度。研究发现，青少年的身体自尊是其整体自尊的最重要的预测指标。身体自尊对青春期女孩的影响要大于对男孩的影响，青春期女孩的身体自尊要低于男孩[7]。许多女孩对自己的体重和外貌感到不满，美国佛蒙特大学的心理医生在一项报告中说，超过50%的13岁女孩和近80%的17岁女孩都因为自己的身体而感到不快乐[8]。德国一项面向9—15岁学生的调查显示，对自己外表太过关注的女孩，不能充分发挥她们的优势。八九岁的女孩几乎都对自己的样子感到满意，但8年之后却仅剩29%的女孩仍对自己表示满意。

女孩生活中的压力越来越大

由于女权主义的积极争取，传统女性角色对现代女孩的束缚越来越小，年轻女孩们不必再将自己局限于传统的家庭主妇角色，她们可以像男孩一样去追求职业发展，享受成功。外部世界的束缚其实已大大地减少了，为何到了青春期，她们会过于关心自己的身体形象与魅力呢？

对外表的过度关注一方面是由青春期这个人生阶段的特殊性决定的，青春期女孩第一次意识到她的身体正在不断地发生着变化，这难免会让她觉得惊奇，并有些无所适从。此外，对外表的过度关注也跟社会潮流有关，如今的女孩生活在一个越来越注重外表的环境里。自孩童时期，女孩们就可能通过芭比娃娃来学习和实践社会的审美标准，无处不在的时尚杂志、广告、电视上的娱乐节目也不停地向她们灌输现代社会对完美女性的"期待"。西尔维娅·施奈德在《阳光女孩》一书中指出，女性阅读的时尚杂志越多，她们就越不喜欢自己，对自己就越不满。对外貌的否定态度常常会导致自我毁灭，它使人丧失了抵制外界伤害的力量，不相信自己，没有勇气也没有能力对自己的生活负责。西尔维娅·施奈德认为，这是年轻女孩中普遍存在饮食障碍的思想根源[9]。

事实上，现代女孩的生活一点也不轻松，社会在某些方面对她们的期望越来越高。她们不仅要学业优异，聪明能干，多才多艺，更要有外表吸引力，最好人人都像演艺明星或时装模特一样耀眼出众，这样她们才能够获得更好的发展。对外表美的追求本来是一件令人愉悦和快乐的事情，但可悲的是，外表的重要性已被过度夸大，有吸引力的外表往往被渲染成为婚姻和职业上快速"成功"的诀窍，社会急功近利的浮躁心态，误导许多年轻的女孩们去追求表面化、立竿见影的东西，把对未来的美好愿望寄托在完美容貌的基础上，而不是其他更重要的东西，如能力和品格等等。当外表显得比内心更重要时，我们不得不担心，这些年轻女孩对外表的关注越强烈，她们的内心是否就越空虚乏力。

女权主义者努力为女性争取更为平等的社会地位，今天的女孩本应该更加自由地成长，但是在青春期，她们对应该成为什么样的女人显得更加困惑。当青春期女孩开始有意识地考虑社会和男性对女人的期望时，她们只能获得许多相互矛盾的观念。由于在整个社会的很多方面，女性仍然属于"弱势"性别，因此，对于展示自我、追求成功或者与男孩竞争，女孩面临着更多的内心压力和角色冲突。

注重细节的大脑

迈克尔·格里安博士认为，青春期女孩自信心的下降，与她们的大脑发育有关。青春期女孩大脑额叶、前额叶以及边缘系统的生长非常迅速，这使她们的抽象思维和情绪情感都得到了很大的发展，道德和精神方面的成长也非常迅速。男孩与之不同，对大脑的正电子发射层析扫描和核磁共振发现，女孩大脑比男孩大脑活动的区域更多。男孩的大脑更倾向于专注于一件事情，他们更倾向于用他们的逻辑去推理，并且他们在做出决定之前不会将一个小细节所涉及的5个或10个因素放在一起考虑，而女孩往往相反，她们对每一细节都要考虑。考虑得太多的缺点就是，会形成一个没有主见的自我：一个依赖于别人来替自己做决定的自我，特别是在青春期早期的变化中[10]。

过度关注外表使青春期女孩的自信极易受到打击，而且，她们既受到外在社会期望的压力（其中有许多不正常的、远远无法实现的期望），又面临自身神经系统发育的压力，她们常常会感觉悲观、失望，对自己不满。这一时期也是许多父母最为惧怕的一段时期，因为要帮助她们需要更大的耐心和技巧。但是父母必须认识到：尽管她们比小时候更加追求独立和隐私，她们仍然需要来自父母的帮助。

提升女孩的自信心——拯救女孩的五个建议

建议一：给女儿无条件的爱

儿童成长中一个最基本的需求就是要确信：不管她们是否漂亮、聪明或能干，父母都会无条件地爱她们。确信自己拥有这份爱的女孩内心会感到十分安全，对自己的成长和能力很有信心。那些在小时候缺失了这份爱的孩子，在成长过程中往往就会去寻找爱的替代品，她们可能在外表上拼命打扮自己，以吸引他人的关注和重视，也更容易陷入随便的恋爱关系，来满足自己的需求。

要培养一个坚定自信的女儿，父母就要给她无条件的爱。在任何情况下，都不要说出伤害女儿自信自尊的话，也不要将父母的爱与任何条件联系起来，比如，有些父母在对孩子的行为不满意时，不要对孩子说："你如果再这样做，你就不是我的孩子了。"父母也不要为了让孩子的表现符合自己的期望，对孩子说："如果你更听话一些，爸爸妈妈就会更喜欢你。"这些言语向孩子传递的都是有条件的爱，让孩子感觉只有她们的表现符合父母的期望，她们才能得到父母的爱。

无条件地爱您的女儿，接受您的女儿，这是她自信心的基础。这样即使在青春期她遇到种种挑战、困惑和矛盾，即使她一下子难以接受自己突然间急剧变化的身体，难以把握自己复杂多变的情绪，她也不会觉得这些会让父母不再爱她，这样她才能够比较自如地全面认识自己，并接受一个全新的自我。

知识链接：父母的抚养方式与自尊

※ 心理学家库伯·史密斯调查了父母的抚养方式对个体自尊形成和发展的影响。结果发现，高自尊个体的父母抚养方式具有以下特点：第一，接受、关心和参与。第二，严格，即高自尊儿童的父母认为，重要的是使孩子达到更高的要求，而不仅仅满足于使孩子高兴，并认为孩子在严格的训练下会更快乐。第三，采取非强制性约束。第四，民主，尽可能给予孩子表达自己观点的权利以及有时按自己的方式办事的权利。

建议二：帮助女儿发掘她的内在力量

一个拥有坚实内在力量和真实自我的人，才能坚定地保持自己的个性，不屈从于外界的压力，不依赖外在形象而对自己感到满意。父母需要不断强化孩子的自我意识，帮助她从积极的角度看待自己，发掘自己的内在财富，这样她就不会轻易仅从外貌来判断自己的价值。

父母要学会相信、赞赏、尊重自己的女儿：

♀ 相信女孩。相信她有与年龄相当的独立做事、照顾自己、正确判断和明智选择的能力。

♀ 赞赏女孩。赞赏女孩的内在优点，欣赏她的独特之处，并明确告诉她，那么她会尽一切努力变得更好。每天至少对她说三句赞美的话。

♀ 尊重女孩。尊重女孩独特的个性，尊重她与你不一样的想

29

法；即使她的某一行为令你不满，也要对事不对人，只批评这一明确具体的行为；永远不要对女孩说："我再也不能忍受你了，我不再喜欢你了。"永远不要用暴力体罚女孩，这会让她觉得你不喜欢她，进而可能认为是自己不够好。

建议三：告诉女孩，她可以说"不"

女孩子在小时候很愿意成为"乖乖女"，她们举止乖巧，聪明懂事，行为顺从，对大人的要求，总是说"好的"，很讨人喜欢。但是这样的行为方式掩盖了许多女孩的个性和优点，使她们面对外界的压力和无礼的要求时，不知道该如何做出明智的回应，维护自己的权利，保护自己不受侵犯。父母要鼓励女孩说"不"，加强她的信心，帮助她告别内心那个柔弱无助的小女孩。

♀ 鼓励女孩说出自己的感觉，包括好的感觉和不好的感觉、她喜欢什么、讨厌什么。

♀ 向女孩证明她的观点和想法会受到认真的对待，比如和她谈话，认真倾听她说话，尊重她的意见，不强迫她做她不愿意做的事情。

建议四：远离电视和时尚杂志

让女孩过多地接触那些漂亮女郎的图片对她们并没有什么好处。一项研究显示，在观看了半个小时广告或电视后，年轻女性对外貌的看法就有可能发生变化。电视上的娱乐节目、广告以及时尚杂志为当今的女孩们提供了难以企及的美的标准，吸引她们把大量宝贵的金钱和时间花在打扮上。您的女儿并不知道，这背后隐藏着许多假象，巨大的金钱利益制造了这些假象，父母需要把女儿不了解的这些信息告诉她。

一位时尚公司的主管说，当今变化得越来越快的潮流趋势，正在力图把女孩变成"消费傀儡"。

我为今天的女孩感到遗憾。她们认为苗条的形体和时尚的穿着是自由和独立的标志。这完全是一种可笑的想法。但是，有人却将这一点不断地暗示给年轻的女孩们。这是一个矛盾的现象，时尚市场实际上并不希望女性勇敢、有个性，而是希望她们都成为顺应潮流、积极消费的愚蠢女性。

小时候，尽可能让女孩远离电视、广告和时尚杂志。当她长大一些后，父母有机会与女儿一起看电视时，一起思考讨论下面这些问题：

◇ 我们为什么会被说服对这个广告产品感兴趣？

◇ 这个广告讲述了些什么？

◇ 这个广告后面隐藏着什么计划？

◇ 除了这个产品外，这个广告还想推销给我们什么？

◇ 这些广告女郎的形象是真实的吗？

建议五：帮助女儿找到健康的榜样

青春期的女孩需要学会认识并接受她们真正的自我，一些坚强自信的女性可以为她们提供榜样。

电影《泰坦尼克号》的女主角凯特·温丝莱特一开始并不为太多人喜爱，不少人觉得她太胖了，但坚定自信的凯特坦然接受自己的不完美，她对自己的身材从不在意，自信满满地做一个丰腴的女人，也不容许别人刻意美化。《GQ》杂志曾经把凯特的照片PS成出奇苗条的形象，凯特看到照片后，气愤极了，她随即发表严正声明："照片上的不是我！"那家杂志只好为此专门道歉。有杂志报道凯特去医院减肥，结果被她告上法庭。拿到的赔偿金，凯特则是全数捐赠给慈善组织，来帮助那些因为饮食紊乱而导致体重问题的人们。凯特一直坚称，她绝对不会为了好莱坞而减肥。"现在的女性已经太瘦了！对于年轻女性来说，我是一个榜样，我不会特意减肥，永远不会!"

凯特曾经看过一个名为《我想有张明星脸》的电视节目，节目讲述了一个希望自己看上去像她的女孩子的整容经历。那个女孩收藏了所有以她为封面的杂志，观看了她出演的所有影片，为了拥有像她一样的脸蛋和身材，这个女孩甚至切除了自己的一部分胃。

看到这里，凯特忍不住哭了起来，"我为这个女孩感到痛心，因为她被这些杂志和电影呈现出的我的完美形象深深误导了"。她激动地说，很想把那个女孩喊到面前，然后将自己的衣服脱下，告诉她："我根本就没有那样完美的身材。我没有那样又翘又浑圆的臀部，我没有一对既丰满又高耸的乳房，我没有一个平坦的小腹，相反，我的臀部和大腿上堆积着大团的脂肪。"然后大声对她说——"这才是真正的我!"

此外，母亲本人就应该是最好的榜样。母亲是否整天为脸上的皱纹烦恼？是否整天担心自己又摄入了过多的热量？这些都会对自己的女儿产生不良的影响。所以，要培养自信的女儿，母亲也得是一个内心坚定、自信有主见的成熟女性。

发现女孩之二：女孩的大脑

曾对爱因斯坦的大脑做过深入研究的神经系统专家桑德拉·怀特森认为，人脑是个具有性别特征的器官。女孩的大脑在诸多方面与男孩不一样。

一、不一样的大脑结构

人类大脑由左右两个半球组成，通常左半球主要负责语言和推理，右半球主要负责运动、情感以及空间关系。联系两个半球的是一组神经纤维，被称作胼胝体。胼胝体虽然不是大脑两半球之间的惟一联系，但却是最重要的联系，它起着沟通和协调大脑左右半球的作用。研究表明，男女两性的胼胝体在形状、大小以及大脑偏侧化方面存在显著差别。

研究发现：女性的胼胝体体积大于男性，女性两半球之间的联系更加紧密。1982年，美国科学家在《科学》上撰文指出[11]，大脑胼胝体在尾部存在着男女差别，女性胼胝体尾部呈球状，男性胼胝体尾部大致呈圆柱形。科学家们曾用扫描手段研究过146名健康成人的大脑，发现男女两性在胼胝体形状方面存在很大的差异，女性胼胝体后1/5的部位多呈球形，而男性的多呈管状[12]。

男性大脑更加单侧化，而女性大脑较为双侧化，两半球发展较为均衡[13]。一项使用脑功能核磁共振成像技术的研究表明[14]，男性的左颞叶要比右颞叶大38%，而女性的颞叶没有发现这种不对称。在听觉联合皮层特定区域里，单位体积中的神经细胞的数量存在性别差异，女性单位体积内的神经细胞数量要比男性多11%，因此，在大脑的这一区域中，女性大脑神经细胞的密度要明显高于男性。

二、不一样的大脑内容物

男女在大脑的内容物上也存在一些差异。大脑组织主要由灰质和白质组成，当然还有必不可缺的水分。灰质由神经细胞组成，而白质主要是由神经纤维组成。男女大脑在灰质、白质和水分成分方面都存在差异。女性的大脑比男性要多出15%的灰色物质，这些物质主管人类的思维，这就说明为什么女性天生就具有强大的语言优势；而男性的大脑含有更多的白色物质，这些物质主要负责脑细胞之间的联络以及神经冲动在大脑和四肢及躯体之间的传递，所以男性生来就具有强大的空间感知能力。男性大脑的含水量更大，充满着更多的液体，这些液体能帮助男性缓冲各种来自外部世界的冲撞，减少了男性大脑受到意外伤害的危险。

不一样的大脑，对女孩意味着什么？

在从事某些工作时，女性往往同时使用大脑的两侧，而男性往往一次只使用一侧。女孩可以用两侧脑半球同时思考，而男孩往往只用一侧脑半球思考。

大脑两半球之间更紧密的联系给女性带来了一些优势。同样经历中风，与男性相比，女性恢复得更快，恢复得也更彻底。当女性的大脑一个半球受到损伤时，另外一个半球往往能够发挥替代作用，而男性通常没有那么幸运。

男孩和女孩大脑的差异部分解释了为什么女孩语言能力更佳，而男孩数学能力更强。这是因为女孩的语言中枢比较均衡地分布在大脑左右两个半球，而且女孩更擅长那些需要两个大脑半球共同参与的活动；而数学能力基本上是大脑右半球的功能，所以男孩通常更擅长数学。此外，发达的大脑右半球，使男孩操作各种机械时更为得心应手，他们的动手能力更强。

三　女孩有更多爱与性的困惑

〜〜〜◆〜◆〜◆〜◆〜◆〜◆〜◆〜◆〜〜〜

　　2004年，我（孙云晓）在与张引墨合作《藏在书包里的玫瑰》一书时，一些过早发生性行为的少女给我留下了深刻的印象，她们内心的困惑与迷茫、痛苦与挣扎，让我意识到，男孩和女孩在爱与性的关系理解上好像是不一样的。男孩好像很容易接受性行为，很少因发生了性行为而痛苦，而女孩则对性抱着更加矛盾复杂的态度，发生初次性行为后常常会内疚和自责。很多女孩在还没有弄清楚性是什么、爱是什么的时候，就陷入了爱与性交织的泥淖。她们抱着怀疑的态度走向性，其中有一些为此付出了代价，甚至是沉重的代价。

许多女孩的初次性行为并非出于自愿

　　17岁的少女蔓菱正读高三，在画画补习班里，认识了一个男孩。因为住得近，两人经常一起回家，渐渐熟悉起来。一次，男孩骑着摩托车到蔓菱家的胡同口，打电话给蔓菱，说自己路过这里，顺便来看看她。从那一刻起，蔓菱觉得自己喜欢上了他。

　　男孩高大帅气，而且很要强，两人一起复习准备高考，他经常鼓励蔓菱，帮蔓菱补英语，有时还会用老师般的口气教育蔓菱，这让蔓菱觉得特别幸福。蔓菱甚至觉得再也没有一个男人会对自己这么好了。

寒假时，两人一起去男孩的哥哥家玩。哥哥移民加拿大了，房子空着。两人一起做饭、看影碟，有好几次两人差点发生性关系。蔓菱觉得不行，拒绝了几次。但是后来，蔓菱觉得两个人关系这么好，这么亲，没法再拒绝。

回忆起第一次发生性行为的感受，蔓菱觉得自己完全是被动的，被迫的成分更多。蔓菱说："我和他好，只想搂他一下或抱一下，但他的要求更多……我更喜欢和他相处，并不是想和他做这件事，但为了他更高兴，我还是与他做了。"

发生了这件事，蔓菱一直觉得很不好。因为蔓菱所受的家教让她觉得，只有嫁给谁，才能和谁发生性行为。蔓菱怕有人会知道这件事，心里背负了沉重的包袱。

在许多访谈中可以发现，女孩们经常觉得自己是被男孩拖到性方面去的。在发生初次性行为之前，女孩的心理往往是矛盾的、犹豫的，不知道是否应该因为爱而跨越性的门槛。一些恋爱中的女孩，还根本没有做好发生性关系的准备，或者根本不愿意进行过早的性行为，但在男友的不断要求下，尤其是男友提出断绝恋爱关系时，抱着"喜欢他就要为他付出"的念头，不情愿地发生了性关系，事后又非常后悔和自责。

还有的女孩甚至来不及认真想想自己的感情，出于"好奇"或者"不知道该如何拒绝"而发生了性行为。这种经历对她们的心灵冲击更加强烈，一些女孩因此自暴自弃，不再珍惜自己，甚至以为，反正都已经发生过了，再做什么都无所谓，随便几个男朋友都无所谓。其中一位已经考入名牌大学的女生说，即使为钱去做"鸡"也无所谓！

大多数女孩对第一次性行为的回忆并不积极：

◇　女孩子特别容易被甜言蜜语打动，经不起那些好听的。当时就以为两人若相爱，必然会有这件事情。自己也确实喜

欢他，觉得拒绝他对他打击很大。（高三）

◇ 当时好像是夏天，穿得也不多，两人一起打打闹闹，一起
睡觉，当时也没想到会发生什么……当时我有点半昏迷状
态，只是尽量让自己不要去想，既然已经这样了，就来吧。
我挺震惊的，我的第一次就这样没有了。（高二）

◇ 第一次发生性关系不能说是自愿，心里有一点好奇，也不
想拒绝。其实，在发生这件事之前，我是一个很单纯的人，
我以为，我只有嫁给这个人，才会和他发生这种关系，我
觉得我们以后肯定会在一起的，所以才这样，但事实上不
是这样。（高一）

研究证实[15]：许多女孩的第一次性行为往往并非出于自愿。在发生初
次性行为以后，女孩的心理是复杂的，往往掺杂着后悔、自责和担心，
因为社会对女性的婚前性行为的宽容度远远比不上男性，而且女孩更害
怕性行为可能导致的怀孕。

很多在犹豫中发生初次性行为的女孩，她们原有的爱情观和婚姻观，
往往面临被颠覆的危险。她们与男友的这种关系往往很短暂，很少有美
好的未来，这让女孩们开始怀疑爱情，怀疑自己能否在未来拥有一段长
久的关系。还记得上面提到的那个叫蔓菱的高三女孩吗？

蔓菱与男友的关系在不久之后也开始危机四伏，但蔓菱还
努力维持着关系，蔓菱说："可能是因为他是我的第一次。"事
实上，蔓菱更加担心，今后找到一个自己真正喜欢的男生，而
他会因为这件事而对自己有看法。

有了性行为，男孩会更爱她吗？

或许是受到太多电影电视剧的影响，今天的青少年似乎都以为，恋

爱到一定程度就只能是性。尤其对于许多女孩来说，"爱"是发生性行为最好的理由，性不仅成了爱的证明，她们更期待，有了性行为之后，男孩会更爱自己。为了得到她们喜欢的那个人的感情，她们往往愿意做任何事情。但事实上，男孩和女孩在对爱与性的理解上存在明显的差异。

◇　在恋爱过程中，女孩比男孩更为看重情感联系，即使在普通的人际关系中，女孩体验到的亲密感也要比男孩子多[16]。

◇　男孩的第一次性行为往往是雄性激素引发的生理冲动所致，而女孩的第一次性行为的背后除了生理驱动以外，还包含着更多的情感因素。

◇　美国的研究表明[17]，青少年第一次性行为的原因存在显著的性别差异。男青少年中有51%认为是好奇和性的愉悦，有25%认为是由对伴侣的爱引起的；在女青少年中，结果正好相反：大约50%把原因归于对伴侣的爱，25%归之于好奇和性的愉悦。

◇　研究表明，男孩或男性往往把性与爱区别对待，他们不太在乎自己第一次与之发生性关系的女孩是否是自己真正喜欢的，而对女性来说，爱往往是发生性关系的前提[18]。

由于男女两性对爱与性的认识是不一样的——对青春期男孩而言，性与爱往往是分开的，而对青春期女孩而言，爱与性往往是融为一体的，在恋爱过程中，女孩常常面临更多爱与性的困惑，她需要更好地把握爱与性的平衡。

高三女生海砾说：

发生性关系之后，当时我的感觉就是已经把最珍贵的东西给了这个人，感情陡然之间就会紧张起来。我们的感情完全是断送在这方面。自己当时就像个小孩儿，我把我最重要的东西给了你，那你就要负责任。我无论怎么发脾气，我的行为不论怎么越轨，出什么问题，你都必须容忍。你不容忍就是你的不仁义，你的不道德。你必须容忍我，你没有第二条路可以走。所以会非常"较劲"，好多事为这个所累，越来越沉重，互相的伤害越来越多，终于再也无法相处下去。

我曾经想过用什么方式留住他，我觉得他需要我，哪怕他不需要我这个人，只需要我的身体，我也会在他身边。但是没用，一点意义都没有。一个女孩若是那样就太没有自己的价值了，因为你已经不是在爱而是在妥协了。

澳大利亚的少女问题专家贝林达·汉福特的观点，有助于我们分析这个女孩的经历。汉福特在《这是女孩子的事》一书中指出：在恋爱中过早地发生性关系，反而会阻碍你们进一步的相恋。为了得到愉快而健康的恋情，你们需要时间去一起玩乐，相互理解和学会照顾对方。海砾和男友在还没有学会如何去爱的时候，就过早地做出决定，跨越神圣的防线，完全没有预料到性会给自己的情感带来多大的冲击，以他们的年龄和阅历完全无法把握，无法左右，结果造成两个彼此喜欢的人相互伤害，最终分开。

弄清楚爱与性的关系从来都不是一件容易的事情，对于缺乏经验和人生阅历的青春期女孩来说，毫无疑问会更感困惑。

女孩对亲密关系的渴望更加强烈

大量对女孩的访谈发现，许多女孩发生性行为是出于对爱的强烈渴望。在两性关系中，女孩需要的更多是温暖或是关心，希望有人能用臂膀环住她们，希望享受两个人皮肤相触的感觉，并不是真正想要性交。萦萦的经历特别值得父母们反思。

39

萦萦的母亲在她7岁时去世了，爸爸再婚，继母带来了一个比她小一岁的妹妹。经此变故，小时候活泼开朗的她变得有点孤僻。她有时会与妹妹发生冲突，两个人打架，父母亲会怪罪她。气极了，她曾给爸爸写过一封很绝情的信。爸爸说她把家当成了一个旅馆，一个提供学费、吃饭睡觉的地方，凡事都不沟通。

高中时，萦萦一心想做一名女艺术家，对摄影特别感兴趣。高二那年，她认识了学校摄影小组的指导老师。独处时，31岁的男老师邀请她去他那玩，教她拍一些东西。

元旦晚会上，萦萦喝醉了酒，沉迷在罗丹和他的情人卡米尔的故事中不能自拔。当时萦萦在学校住宿，喝得迷迷糊糊的她拨通了摄影老师的电话，问他元旦是否有空，想找他去玩。当天晚上，摄影老师就开车把她接到他家里，晚上两个人睡在一起。后来，他们发生了性行为，仍在读高中的萦萦经常在晚上到摄影老师的家里，萦萦说："有时候一星期见一次，有时候一星期会见三次面。"

萦萦说，她喜欢年龄比自己大的人，他的年龄特别容易征服自己。萦萦特别喜欢他抱着自己，很温暖。谈到为什么会跟他发生性关系，萦萦说："我只是需要一种温暖，我希望他能爱我。"

很快，萦萦就发现，自己只是他生活中极小的一部分，他们的关系在持续了9个月17天后结束了。但是这段关系对萦萦的伤害才刚刚开始。萦萦经常觉得自己就像一只"鸡"，"我不相信爱情了，只是喜欢这个游戏。……我知道了男人的目的是什么，我开始会和他们玩感情游戏了，而且比他们更会玩"。萦萦特别想去找心理医生，她说自己"需要一个特别温暖的地方"。

从萦萦的故事中我们会发现，对"温暖"的渴求，使她不假思考地陷入两性关系中，而这与她童年的家庭经历有着深刻的关系。萦萦童年的情感支持系统是非常脆弱的，亲生母亲去世，与父亲以及继母关系冷漠，这些可能令萦萦极度缺乏安全感，因此她迫切地想要在家庭之外获得爱，找到温暖，以至于她轻易地发生了随便的性行为。

事实上，不只是童年缺少温暖的萦萦如此渴望亲密的情感，许多女孩都表现出她们对亲密关系的强烈渴望。女孩渴望与他人有亲密的关系，这会让她们有生活美好的感觉。一些研究者发现，女性对于亲密情感的强烈需求是有生物基础的。美国格里安研究所的研究人员发现，流经女性大脑的血量比流经男性大脑的血量多了15%，并且流经大脑的区域比男性更广，这使得女性的大脑比男性大脑有更多活跃的区域，即使在休息时，她们的大脑的血液循环仍很活跃。女性不停活动的大脑，急需获得在人际交往、亲密情感方面的刺激，因为亲密情感的刺激对她们的大脑来说是最有挑战性、最有成就感的事情。

> 宾夕法尼亚大学的神经科学家鲁宾·格尔和他的妻子发现了一些有意思的结论，当他们请男性和女性清空自己的大脑思维时，女性大脑的边缘系统血液循环仍很活跃，比男性活跃；有更多女性大脑的血液向上流到大脑皮层的4叶，说明认知和相关的思维仍然很活跃；较少女性大脑的血液向下流向脑干，脑干与危险直觉有关。男性则与女性不同，他们大脑中的血液更多流向与跳跃或打架有关的区域，而较少流向思维、情感和关系处理的复杂区域。格尔夫妇还发现，由于女性和男性大脑血液循环的不同，女性的大脑甚至能更容易判断出人脸上的表情。

格里安认为，这些大脑上的不同之处使得男性和女性表现出显著的不同。女性的大脑在创造复杂、亲密的人际关系网上占有优势。不管是在面部表情的辨认、对复杂人际关系的追求、对事物的关注，还是在对人际关系的洞察方面，女性的大脑以男性大脑所不具有的方式，创造并参与到人与人的亲密接触中[19]。

此外，大脑结构上的不同，也让我们看到女孩和男孩对亲密情感需求上的不同。格里安认为，女性大脑中有几个结构是"关系中心"。

◇ 色带环绕的脑回。位于大脑的边缘系统，女性大脑色带环绕的脑回的活性比男性的强。神经科学家保罗·麦克里恩的研究发现，大脑的这部分结构与女性对婴儿哭声的反应有关。如果大脑中缺少这一部分，母亲就不会对婴儿的啼哭产生反应。女性大脑中有很多的血液流过色带环绕的脑回，即使是在她们休息的时候，这使得她们的"怜悯之情"更甚。

◇ 催产素。催产素的活性与色带环绕的脑回一样，让我们可以看清女孩大脑的复杂性。所谓"母性的本能"，其实是催产素作用的结果。当女孩听到远处或身边有婴儿哭声时，她体内的催产素水平变化很大，而男性催产素水平的改变极其微小。

◇ 海马。位于大脑的边缘系统，它与记忆的存储有关，能够调节情感，记忆情感。女性大脑的海马更发达，有更多的血液和神经通路，所以女孩比男孩有更多的情感记忆。她们的记忆是与更多的感性材料相联系的，亲密情感往往成为记忆的主要内容。

女性对亲密关系的需要，与女性的荷尔蒙也有很大关系，尤其是雌激素，它是一种"亲近的"荷尔蒙，使得女性对自己感觉不错，并为自己拥有亲密关系而高兴，同时对生活充满了热情。

女性体内的生物化学因素，决定了她们对情感和恋爱关系的需求有着与男性不同的地方。

性心理差异背后深刻的社会文化原因

男女性心理差异首先必然有其生理基础，男孩对性的最初兴趣，主要是受到雄性激素，特别是睾丸酮的影响，而女孩最初的性兴趣，除了受到雄性激素的影响，还受到雌性激素的影响。雄性激素分泌的增多会提升女孩对性的兴趣，雌性激素的增多能增强女孩对于男孩性要求的感受能力。

特别需要指出的是，与男孩相比，社会因素对于女孩是否发生性行为的影响力要大得多。女孩跟男孩一样有性兴趣和性动机，但是这种兴趣和动机是否转化为实际行为，更多地受社会环境的控制。如果女孩所处的社会环境（包括家庭和学校）不赞成过早性行为，那么女孩过早发生性行为的可能性就会降低。相反，如果一个社会对女孩性行为持一种宽容甚至放纵的态度，那么女孩就极有可能出现过早性行为。

双重标准

毫无疑问，人是社会性动物，每个人的行为都不可避免地打上社会的烙印。女孩或女性的困惑部分源于我们的社会，许多社会（包括中国当代社会）存在双重标准，这对女性的困惑具有重要的影响。双重标准是社会用两套不同的标准来评价男性和女性的行为。在性方面，许多社会对男性是更宽容的，对女性则是更苛刻的，对男性来说是适当的行为（如婚前性行为），对女性来说就不那么合适了。

社会学家李银河分析认为：

> 在我们这个持续了几千年的男权制社会中，在性规范上盛行男女的双重标准。这个双重标准用通俗的语言来表述就是：男人的性活动越多越好，女人的性活动越少越好。
>
> 对男人的性活动，人们永远给予正面的评价，如果一个男人有很多性经验，那只能说明他有钱、有权、有闲、有魅力甚

至是身体好；对于女人的性活动，人们却永远给予负面的评价，如果一个女人有很多性经验，则说明她轻贱、放荡、不知廉耻，人们会无情地将她唾弃，就像对待木子美那样。

在一桩明明是双方都受益、都喜欢、都自愿实行的行为中，传统的观念却认定一方受益另一方吃亏，这就是性行为的赚赔逻辑。男权社会盛行了几千年的赚赔逻辑认定，在性行为中，男方是赚，女方是赔。男人要是搞了一个女人，他就是赚了；女人要是搞了一个男人，她就是赔了。由于所有的人都这样想，而且这样想了太长的时间，这个赚赔逻辑已经成了天经地义，已经成了不争的事实。

对社会来说，男孩早一些发生性行为，似乎不是什么大不了的事情。有些男孩，甚至包括男孩父母，有可能认为这是一件"占便宜"的事情。我们这个社会，一般不会纵容男孩的性行为，但基本上会宽容男孩没有爱的性行为。一个初二男生表示：

> 你若和一个女孩有了这种（性）关系，大家会羡慕你的，有一种虚荣心。

对女孩就不一样了，社会上的许多人会以一种不同的眼光看待女孩，甚至用一些污辱性的词语形容她们的行为，有些女孩的父母也会为此感到羞耻。这种看法的存在，使许多女孩会本能地去疑问：社会为什么对女孩如此苛刻？双重标准的存在，加深了女孩对爱与性关系的困惑。

研究表明：情感背叛让女性更痛苦

进化心理学认为：男性和女性在配偶关系中关注的重点是不同的，男女两性可能以不同的方式体验两性关系中的危机。

1992年，美国心理学家大卫·巴斯等人设计了一系列的研究，研究的目的是了解男女两性对"性背叛"和"情感背叛"的痛苦程度是否存在性别差异。下面是他们设计的两个研究[20][21]：

研究一：让202名大学生对以下的两种情境进行思考并做出选择：

情境1

请设想一种非常忠诚的浪漫关系，可以是你曾经经历过的、现在拥有的或是将要得到的；而你却发现你的忠诚伴侣对别人感兴趣。下面哪一种情况会使你感到更加痛苦或是心烦意乱：

A——设想你的伴侣对那人产生了很深的情感依恋。

B——设想你的伴侣与那人有了性关系。

情境2

请设想一种非常忠诚的浪漫关系，可以是你曾经经历过的、现在拥有的或是将要得到的；而你却发现你的忠诚伴侣对别人感兴趣。下面哪一种情况会使你感到更加痛苦或是心烦意乱：

A——设想你的伴侣对那人尝试了不同的性交体位。

B——设想你的伴侣深深地爱上了那个人。

结果：对于第一种情境，60%的男性认为性背叛使他们更加痛苦，而只有17%的女性这样认为，83%的女性认为情感背叛使她们更痛苦。对于第二种情境，45%的男性认为性背叛使他们更加痛苦，而只有13%的女性这样认为。

结论：男性认为性背叛更痛苦，女性认为情感背叛更痛苦。

研究二：给55名男女大学生戴上三种生理测量仪器。

在被试者右手手指上固定一个电极，以测量皮肤电的振幅变化，目的是测量被试者的生理唤醒水平。在被试者右手拇指上固定一个仪器，用来测量每分钟的脉搏次数。第三个仪器用来测量面部眉毛部位肌肉的电活动振幅，它与消极情绪的表现密切相关。

戴好仪器后，研究者要求被试者躺在一个舒适的躺椅上放松身体，在实验正式开始前先放松5分钟。被试者独自待在一个房间里，实验者通过对讲机发布实验提示，要进行的想象任务说明书以书面形式呈现给被试者。

实验正式开始。实验者要求被试者想象三种不同的情境。第一种情境是一种中性情境，让被试者想象他们走在上学的路上，感觉既不好也不坏。待其头脑中形成清晰的情景后，被试者通过按键向实验者示意，所有仪器开始记录按键后20秒内的生理反应记录。第二和第三种情境是情感背叛情境和性背叛情境，并同样做好生理反应记录。为了平衡实验顺序的影响，半数被试者先想象情感背叛情境，再想象性背叛情境，另外半数被试者则先想象性背叛情境，再想象情感背叛情境。每段想象情境结束之后，被试者有30秒的放松时间。

结果：（1）皮肤电：男性在想象性背叛时的皮肤电活动显著高于想象情感背叛情境时的反应。与此相反，女性想象情感背叛时的皮肤电活动水平显著高于性背叛；（2）脉搏：男性在想象性背叛时的脉搏水平显著高于情感背叛时的水平，女性在想象情感背叛时的脉搏水平显著高于性背叛的水平；（3）肌电：男性在性背叛情境中具有较高水平的肌电，女性在情感背叛情境中具有较高水平的肌电，但其差异未达到统计学上的显著水平。

结论：**男性比女性更容易产生性嫉妒，女性比男性更容易产生情感嫉妒。**

除了美国以外，巴斯以及其他研究者还比较了荷兰、德国、日本、韩国等国家的男女在性嫉妒和情感嫉妒上的差异，结果同样支持上述结论：男性会产生更多的性嫉妒，女性体验更多的情感嫉妒。

或许正是由于女孩或女性更看重两性关系中的情感，她们容易把爱与性融为一体，因此她们无法像男性那样单纯地看待性，并更常为此困惑和痛苦。

应对爱与性的困惑——拯救女孩的五个建议

在处理女孩爱与性的困惑上，父母发挥着独特的、不可替代的作用。如果一个青春期女孩能够从父母那里得到足够多的温暖，女孩早恋的可能性就会降低，她就会有更多的准备来应对爱与性的困惑。女孩准备得越充分，她把握自身理智与情感平衡的能力就越强，就越不容易在爱与性的困惑上做出不当的选择。

建议一：给女孩充满爱意的生活

> 我渴望抚摸，我觉得抚摸有一种温柔的力量，能让人安静下来。我不记得小时候父母是否给过我很多亲吻和拥抱，就记得小时候去一个阿姨家玩，晚上和她的小女儿一起睡觉，阿姨给我们关灯之前吻了我和她女儿的额头一下。我当时心里有种说不出的温暖，因为我妈妈从没有那么温柔地吻过我的额头。

父母之爱犹如阳光，是孩子成长不可或缺的精神支柱。父母之爱不仅要体现在教孩子做人方面，也需要细致的亲情关怀。比如，亲吻、拥抱、抚摸、牵手，都是亲情的必修课，切不可让孩子成为情感孤儿。父母要形成一些表达感情的习惯：

♀　下班或出差回到家，给女儿一个拥抱；
♀　当女儿哭泣时，紧紧地拥抱她；
♀　当女儿想说话时，认真地与她交谈；
♀　当女儿情绪低落时，送给她一个小礼物，或一张温馨的卡片；
♀　陪她一起做她喜爱的运动。

如果父母，特别是父亲能一直给予女孩接纳、关爱和温暖的拥抱，那么也许她就不会那么迫切地到两性关系中去寻找温暖了。

建议二：让女孩知道父母彼此相爱

父母间彼此相爱是孩子安全感的最大来源。中国青少年研究中心连续10年对全国6—14岁少年儿童的调查显示，对孩子们来说人生最大的幸福是"有温暖的家"。孩子们是在家中学会爱，不仅从父母如何爱孩子来学习，更需要看到父母双方是如何彼此相爱。

如果孩子从未在家庭中看到过爱的榜样，他们不知道怎样去爱，也会深深地害怕自己永远找不到爱，所以非常容易早早地陷入由性关系所带来的亲密感之中。我们知道，这并不是真正的爱，而只是爱的廉价仿制品。

爱是一种行动。父母彼此相爱，并让孩子知道，就是对孩子最好的爱的示范和教育。

建议三：父亲要保持与青春期女儿的交流

当女儿进入青春期，在许多家庭中，常常会出现父亲逐渐远离女儿的现象。女儿不会再整天黏在父亲的怀抱里，父亲也对女儿突然发育的身体感到陌生和不知所措，父女之间很少再有亲密的身体接触。但这时候，女儿在情感上仍然非常需要父亲的关爱。一些研究者发现，女孩子喜欢父亲在其青春期的整个过程中给予她们关爱，这使她们具有更多的信心，并且能够更好地完成学业。

当女儿进入青春期后，父亲可以找到新的方式来与女儿保持交流。一起运动是很好的选择，比如父亲可以和女儿一起跑步，陪她打球，或者进行其他运动。有时候父亲也可以叫上女儿一起做家务，帮忙修理东西等等。总之，父亲要尽可能创造机会与女儿相处，即使没有时间陪女儿共同活动，也可以在晚饭后陪她看一会儿电视，或者坐下来认真听听她的想法。

建议四：共同制定家庭规则，严格执行

没有规则的家庭是无序的，在无序的家庭中成长的女孩，往往缺少自律精神，没有明确的异性交往界限，因此更加容易过早地陷入不情愿的性关系中。父母有责任为女孩创造有序的家庭环境，要为女孩制定明确的家庭规则，尤其是有关朋友交往的规则，她和她的朋友们必须严格遵守。比如：

- ♀ 要求女孩明确说明下课后或周末去哪里、跟谁在一起；
- ♀ 规定每天最晚回家时间；
- ♀ 邀请异性朋友到家里玩时，不能把房间的门关上。

在制定家庭规则时，父母要与女儿一起商量，这样才能更好地了解孩子的需要，也让孩子理解规则背后的价值观。要维护规则的严肃性和约束效力，一旦违反，就要接受相应惩罚。

建议五：确保女孩知道如何对男孩的性要求说"不"

青春期的男孩和女孩对双方都有很强的吸引力，也有很高的期望，但他们彼此之间的差别也很大，他们对爱情的理解和渴望也不尽相同。女孩希望男友能温柔体贴，能理解她、拥抱她、爱抚她，能和他说说自己的感受和问题，想整日和他待在一起。青春期的男孩则有更强烈的性渴望，有时候他只想和女友亲热而不去想别的。对这些问题认识思考得越多，想得越清楚，女孩越不容易盲目做出令自己后悔的决定，青春期女孩要学会做"行动上的矮子，思想上的巨人"。

父母要让女孩明白，在性的问题上，她不必去迁就任何人，不能被任何人催促和强迫。性是一种特别美好的、一生中都很重要的事情。在她们的一生中，还有很长的时间供她们支配。因此，在这种关系中，没

有所谓错过的机会，有时我们要往后推一推，去等待更好的机会。这种认识会给女孩以安全感。

父母要让女孩相信，真正爱你的人会尊重你的感受。如果男朋友要求女孩与他发生性关系，以爱做借口，或者以离开相威胁，那么女孩要知道如何坚决地说"NO"。

♀ 如果你爱我，就要尊重我的感受，不要强迫我做一些我不愿意做的事情。

♀ 我爱你，但我选择用另一种方法来告诉你。

♀ 用你的理解和尊重来证明你有多爱我。

我们要让青春期女孩认识到：真爱值得等待，真爱能经受住时间的考验；如果一个男孩真心爱你，那么他不会在乎这一时半会，他能够等待真正甜蜜时刻的到来。

知识链接：爱情（性）心理发展

美国心理学家赫洛克把青春期的爱情（性）心理发育分为4个时期：

1. 反感期（疏远期）（11—14岁）；

2. 向往年长异性的牛犊恋期（14—16岁）；

3. 接近异性的狂热期（17—19岁）；

4. 浪漫的恋爱期（20岁以后）。

拯救女孩

发现女孩之三：女孩的性发育

女孩青春期的发育顺序并非是固定的，没有所谓的"正确"或"正常"的顺序。下面所列举的发展阶段只不过是研究所表明的大多数女孩的发育顺序。如果有些女孩的发育顺序与此不一致，并不意味着异常。

下面是心理学家发现的女孩青春期生理变化的顺序以及乳房发育的顺序[22]。

一、女孩青春发育期生理变化的顺序

女孩青春发育期生理发展的顺序大致如表1所示：

表1　女孩青春发育期生理发展顺序表

特征	首次出现的时间
1. 乳房的发育	7—13 岁
2. 阴毛的生长	7—14 岁
3. 身体的发育（发身）	9.5—14.5 岁
4. 月经初潮	10—16.5 岁
5. 腋毛	阴毛出现后两年
6. 汗腺和产生油性物质的腺体，粉刺	大约与腋毛同步出现

二、女孩乳房发育的顺序

这个顺序是由心理学家特纳总结提出的，因此被称作特纳五阶段。

阶段1：乳房没有发育。

阶段2：出现乳房发育的第一个信号。这一阶段又被称为乳

芽阶段，在乳头以下某一部位可以触摸到乳房组织。

　　阶段3：乳房更加清晰可辨，但还不能区分两个乳房的轮廓。

　　阶段4：乳房进一步增大，能够明显区分出两个轮廓。乳头及乳晕在一起形成了乳房上的第二级突起。

　　阶段5：成熟阶段，乳房完全发育成熟，轮廓清晰可辨。

四 未成年人性行为与少女怀孕增加

性无知酿少女早孕"人流季"

2004年9月28日凌晨，浙江某美丽小城一所中专学校女生宿舍的卫生间里，16岁女生史南燕（化名）生下一个男婴，因害怕被人发现，她残忍地将孩子杀死了。2005年1月24日，法院以故意杀人罪判处史南燕有期徒刑3年，缓刑4年。

我（孙云晓）之所以详知此事，得益于《知音》杂志编辑艾静莲女士，她邀请我发表评论，并把原作者陈渡华写的有关详细报道发给了我。我可以预料，任何读过这篇报道的人，都是难以平静的，因为这是一连串的悲剧组合，内含着逻辑的力量。也就是说，这组悲剧是偶然的，更是必然的。

也许，与看言情书过多有关，自初二下学期，史南燕不可救药地喜欢上了本班的帅哥李加（化名）。2003年10月，这对刚过16岁的少男少女偷吃了"禁果"，并一发不可收。2004年春节，放寒假在家的史南燕发现自己月经没来，却不清楚怎么回事。她事后说："虽说是初三学生了，但我那时根本不懂什么叫怀孕，从来没有听说过。"

一眨眼到了5月份，史南燕惊恐地发现自己的肚子正逐渐隆起。她找到李加告诉了他自己怀孕的事。"什么？怎么会？"李加一听几乎不敢相信自己的耳朵，一时变得六神无主。

史南燕看了有关的书，认为胎儿已经五个多月不能流产，只能做引产手术。可是，引产手术要住院几日，她又怕被老师和父母发现，不知该怎么回答。于是，她准备等到暑假再去引产。经过几个月的煎熬，终于到了暑假。史南燕偷偷到医院检查，医生说这么大的胎儿不能打了，预产期在10月初。此时，史南燕又寄希望于国庆节放假时悄悄生出孩子，她却不知生孩子的日子身不由己，除非剖腹产。

史南燕的家庭和学校对她怀孕的事情始终浑然不知。升入中专的史南燕已经接近预产期，她照样参加了军训。为了不被人发现异常，这位大肚子少女孕妇与同学们一样摸爬滚打、擒拿格斗，并且从不偷懒，更不请假。回到家里，父母惟一发现的是女儿的脚肿得厉害，强迫送去医院检查。谁知，医生只是简单地按了按浮肿的脚，便说是肾脏毛病，有积水，配些药服用就会好起来的。

就这样一拖再拖，一误再误，直到9月28日凌晨孩子出生。孩子出生之时，也是16岁的史南燕最恐惧、最虚弱之时。当婴儿发出第一声响亮的啼哭，初为人母的她没感到丝毫喜悦，却像触电一样惊慌失措，惟恐睡梦中的同学知道她生了孩子。史南燕事后说："孩子啼哭的时候，我心里紧张万分，因为生孩子时肚子再疼痛，我始终忍着不敢发出声音。现在他一哭，寝室里的同学都会知道了。当时我不假思索，一狠心将握在手中准备剪脐带的剪刀，朝婴儿的肚子上戳了两下，又在他的胸口戳了几下，还朝他的颈部划了一刀。听到婴儿还在啼哭的时候，又用手捂住了他的嘴巴。"

刹那间，一个少女变成了杀人犯，而她的直接动机仅仅是怕被人发现自己做了母亲，以至于巨大的罪恶感都顾不上了。

法院在审理史南燕一案时发现，被告人史南燕有自身无知的过错，学校在传授生理卫生知识方面也未引起足够的重视。史南燕就读的乡镇初级中学，只有在自然课里涉及很少的生理卫生知识，而她的父母也从未对其进行性的教育。

2009年，媒体还曾爆出"喂奶门"事件：

> 上海某中学的一名初三女生小雪（化名）因为意外怀孕并产下一男婴。据小雪讲，孩子的父亲是她的前男友，她和前男友自愿发生性关系，当时没有采取任何防护措施，也不知道会因此怀孕。在胎儿五个月大时，她自己去医院才发现怀孕了，但因为身体原因医生不建议流产，便生下一男婴。小雪产后又回到学校上课。一天，小雪衣服上渗出奶渍，被一名陈姓男生发现，于是，小雪未婚先孕的事情败露。该男生以此威胁小雪每天给他喂奶喝……

这是两个较为极端的个案，更多的怀孕少女不会把孩子生下来，而选择去做人工流产。

2010年暑假开学后，"人流季"一词就成了许多媒体关注的焦点，撩拨着大众敏感的眼球，牵动着无数父母的脆弱神经。所谓"人流季"，是指暑假结束后出现的人工流产高峰，其中有不少是大学生、高中生甚至初中生。每年暑假和寒假，是青少年发生性行为的高发期。暑假和寒假结束之时，往往也成为少女人流的高峰期，怀孕少女成为许多妇产医院人流手术的主流群体。南宁协和医院计生科主任雷启艳告诉记者，协和医院计生科在暑期每天基本有15例以上的人工流产手术，其中有八成是20岁以下未婚少女。北京市一家私立医院的负责人非常肯定地告诉记者："假期后这两周，来做人流手术的未成年人，比平常骤增了50%以上。"

一位长年做中学生杂志编辑的朋友，曾向我（孙云晓）讲述了一些"绝对可靠"的事实。有些女孩因性放纵而怀孕后，不敢去大医院做流产手术，只好偷偷去小门诊部做手术。这些面临大考的女生不敢休假，有的连体育课也不敢请假，刚刚做完手术就去跑上千米，直到昏倒被送进医院检查，发现腹部一片阴影！有的女孩子至今遇到阴雨天时关节都会疼，难以预料今后会怎样。

关于中学生的性行为，我（孙云晓）与合作者在进行《藏在书包里的玫瑰》（后收入《阳光法性教育》一书）的性行为访谈研究时，就总结发现了以下事实：

1. 半数以上是师生公认的好学生；

2. 1/3来自重点中学甚至是名声显赫的学校；

3. 他们初次性交时100%不用安全套；

4. 他们有过性交经历的事实，其父母与教师100%不知道；

5. 他们对学校与家庭的性教育100%不满意。

过早发生性行为的少男少女，已不是个例，而正在日趋成为一个较为严重的现象。关于中学生发生性行为的比率，上个世纪80年代初的调查表明，有3%的中学生已发生过性行为，二三十年过去了，中学生的性行为发生比率已远远高于该比率。据《北京日报》2003年的报道[23]，宣武区妇幼保健院的大夫们曾对宣武区内几所学校的初中生和高中生做过一次调查，结果显示，约有10％的中学生明确表示自己已经有过性行为。

少女性行为与少女怀孕往往相伴而生，过早发生性行为而没有恰当的防护措施，怀孕自然成为高概率事件，下面两位高中女生的坦率可能会让很多父母揪心：

◇　我跟我现在的男朋友天天做爱，但我从来就没有想过避孕，也没有想过怀孕了怎么办，我根本就没有在脑子里想过这件事。很简单，怀孕了就做掉……药流一点都不影响生孩子。

◇　我们在一起两年，几乎每个星期我们都会在一起，但是在我印象中我们使用安全套的次数只有很少的几次，我俩都觉得不舒服，然后就不用了，结果也没出过什么事。当时也不知道堕胎、流产是怎么一回事。后来我知道了，觉得特别后怕。如果当时真的发生点儿什么，那对一个女孩来说，是太大的灾难了。

一些少男少女对性的无知与无畏，是每一位父母、每一位教育者必须正视的事实。

健康的代价

在采访首都师范大学性健康教育中心主任张玫玫副教授时，她告诉我们，过早性行为对女孩危害很大。她认为，在青少年时期，女孩生殖系统虽然正在快速发育，但是整个器官壁的组织结构还比较稚嫩，过早性行为使女孩很容易裂伤，进而发生创口感染。资料显示：越早发生性行为的女孩子，其生殖系统出现恶性疾病的几率就越高。

怀孕

少女发生早期性行为的最大危害就是怀孕。月经初潮以后，青春期少女开始周期性地排卵，这意味着怀孕的可能。不管是青春少女，还是其他育龄期的妇女，发生性行为而不采取恰当的避孕措施，怀孕发生的可能性是很高的。青春期少女怀孕以后，很自然地面对人工流产的选择，99%的情况下，她们会选择流产，因为她们没有能力、也没有条件去生产并抚育一个孩子。

人工流产

人工流产，不管是无痛流产还是其他方式，即使是采用最先进的技术方法、找最可信赖的医院和医生，都可能对女性身体造成损害。人工流产会对女性的生殖道表面造成创伤，会损伤子宫颈管和子宫内膜，精子就不能通过子宫颈管进入宫腔，使受精卵不能着床和发育。在过度刮宫时，容易将子宫内膜基底层吸净或刮掉，使子宫内膜不能再生，造成长期闭经，受精卵就可能因为没有合适的着床之处而无法着床。

知识链接：人工流产的危害

人工流产的危害可总结为术时并发症、短期并发症、长期并发症和再次妊娠时的并发症。

※ 术时并发症：主要指手术时容易出现的症状，术时子宫出血超过200毫升时，有可能引发"人流综合征"，受术者出现心动过缓、心律失常、血压下降、面色苍白、大汗淋漓等一系列症状，严重者甚至发生昏厥和抽搐。

※ 短期并发症：主要指术后两周内容易出现的症状，主要有宫颈或阴道撕裂、败血症、出血、子宫穿孔、破伤风、盆腔感染等。

※ 长期并发症（持续一个月以上）：主要是再次怀孕后容易产生自发流产和异位妊娠，以及由于盆腔炎症所致的继发性不孕。

※ 再次妊娠时的并发症：不孕症；晚期流产率偏高；早产率偏高；围生期死亡率偏高；产前、产后出血率增加；新生儿溶血症增加。

人工流产对青春期少女的危害更大

这首先是因为青春期少女的生殖系统尚未发育成熟，其卵巢、子宫的体积远低于成年人的水平，生殖道还比较娇嫩，自身防御机能较差，她们在生理上还未对怀孕做好准备。而且，一般情况下，人工流产手术完成后，病人需要至少两周的恢复时间，不能从事高强度的劳动，不能进行剧烈的体育运动，而许多怀孕的少女是瞒着家人偷偷去做手术，术后几乎没有休息的时间，更得不到应有的照顾，因此，人工流产的危害会被成倍放大。

许多年轻女孩对人工流产的危害缺乏认识，怀孕的少女可能还在上学，既没钱，也没有多少自由时间，因此面对人流手术，她们关心的只是"少花钱"和"省事"。

一位初中女生看到医生开列的人流费用清单，得知全部手术费用要1200元左右，竟然拿着清单要求医生："我们只攒了500元，你帮我看看把可做可不做的项目都划掉，我就按500元做。"

大多数怀孕少女没有自己的经济收入，她们的花费主要来源于父母。一旦怀孕，选择做人工流产，她们往往不敢，也不愿意让父母、老师知道，只能偷偷摸摸地去做手术。她们往往缺少手术费用，很多时候，她们需要向同学朋友借钱、凑钱，有时候，她们把父母给的零用钱，甚至吃饭钱节省下来，为了人工流产的费用而偷窃抢劫的事情也发生过。

为了节约费用和图方便，一些怀孕少女往往不会选择正规的、资质高的大医院，因此可能落入一些黑诊所和无良诊所的陷阱。因为正规大医院检查手续比较繁锁（但是规范），需要检查的项目较多，需要花更多的时间。她们没时间，等不起，也缺乏耐心。而这些诊所打着收费低廉、快速高效、无痛的虚假广告，如"手术只需几分钟，对身体无伤害，手术之后不用休息"、"像睡一觉一样"、"像一个梦一样醒来"，利用青少年经常使用的网络等方式，诱骗怀孕少女。

知识链接：无良诊所的黑幕

陈凤琴是北京一位有多年临床工作经验的妇产科医生，退休时，一家民营妇产医院找到她，许以高薪，请她去工作。亲眼目睹这些医院的无良经营手法之后，她愤然离开。在采访中，她向我们道出了一些无良诊所不可告人的内幕：

※ 无良诊所抓住年轻女孩爱上网的特点，特别注重网络宣传，在各个网站上重金做广告，铺天盖地，只要多付钱，搜索网站就会把这些诊所的链接放在最前面。

※ 这些诊所抓住女孩怕痛、怕别人知道、要上学没有时间的特点，开展有针对性的欺骗性宣传，强调"无痛"、"快捷"、"保密"。

※ 一旦怀孕少女按照网络广告拨打这些诊所的客服电话，她们也就慢慢掉进了陷阱。客服接待人员会告诉她们：这里费用很低，不用排队，非常方便，即来即做，手术无痛，像睡一觉、做一个梦一样轻松自然。

※ 但是，一旦来到这里，这些诊所就会像吸血鬼似的，变着法儿让怀孕少女做各种各样的检查，稀里糊涂做完检查的女孩往往被告知有妇科炎症，需要先治疗才可以进行流产手术。就这样检查费、治疗费、手术费累加起来，远远超出最初被告知的费用。在正规医院三四百元就能完成的手术，这些诊所最后的开价可能达到三四千元。

※ 更为可恶的是，这些无良诊所手术极不规范，手术质量不高，会给流产少女留下各种后遗症，轻者如感染发炎，重者会终生不孕不育。

生殖健康

青春期少女可能已经月经初潮，但这并不意味性器官发育成熟。刚进入青春期的女孩，其卵巢重量一般只有成年人卵巢重量的30%，子宫也远未达到成人子宫的水平。她们的生殖通道尚未发育成熟，外阴及阴道都很娇嫩，阴道短且表面组织薄弱，性交时容易造成处女膜的严重撕裂以及阴道裂伤而发生大出血。

对未发育成熟的女孩来说，处女膜的保护作用仍然是重要的。这种黏膜可以有效阻挡病菌的侵入，对少女的身体有很重要的保护作用。少女时代，她的小阴唇和大阴唇都是闭合的，再加上处女膜，构成了三道抵御病菌侵害的保护屏障，所以，少女是很少有妇科疾病的。而一旦失去这些保护，加之青春期女孩的自身防御机能较差，很容易因为性行为而造成尿道、外阴部及阴道的感染，如不及时治疗，有可能会感染扩散，留下严重后果。

难以弥补的心灵创伤

不管是家庭、学校还是社会，其实都不赞成少男少女们过早发生性行为。这种社会看法，注定会给过早发生性行为的女孩造成一定的心理压力，她们不敢让父母知道，也不敢让其他人发现任何蛛丝马迹。

过早发生性行为之后，女孩还容易变得自暴自弃，认为既然自己已经突破了贞操的防线，就对性抱一种无所谓的态度，从而容易变成性混乱的女孩。一旦被别人知道了过早发生性行为的事情，有些女孩就有可能破罐子破摔，认为自己反正这样了，而作践自己，糟蹋自己。有一个叫萦萦的高中女生，在跟摄影老师发生性关系之后，感觉以后做"鸡"都无所谓了。

99%的早恋是以失败告终的，即使有性的存在，走向婚姻的可能性也极低。分手以后的双方，都会感受到背叛的滋味，容易记恨对方。作为女孩，由于社会现实存在的贞操观的影响，她们更会感觉到男性的不负责任，从而对整个男性群体产生不良看法，最终影响她们未来的婚姻幸福。

怀孕及流产的精神创伤

由于没有采取恰当的避孕措施而怀孕的少女，将面临更大的精神压力。她们不敢让其他人知道，而肚子中的胎儿正在一天一天不断发育长大，她们会承受难以想象的煎熬。

她们首先面临一个选择，是生下这个孩子，还是人工流产。99%的情况下，她们会选择人工流产，而流下的是一个生命，作为一个女性——未来的母亲，她们会受到良心的谴责，因为腹中的胎儿，不管多么渺小，毕竟是一条生命。

即使选择人工流产，她们所承受的心理压力也不会减小。她们在流产时，有可能要面对医生护士们异样的眼光。一个化名金婷的女孩讲述自己遇到的情形：

> 金婷怀揣着妈妈给的饭费独自走进了医院。
>
> "是怀孕了，把尿杯扔垃圾桶里去。"护士用力盯了金婷一眼，指了指那装有试纸的塑料杯。金婷转身之时，听见护士的议论："这么小就怀孕，以后也是个当'鸡'的料。"金婷说她当时想一头撞死。但当她想起她和男友亲热时男友对她说的话：我以后一定娶你，全身都有了力量和勇气。
>
> 后来的情景与噩梦相似，一个让人尴尬的姿势，一个灰布单盖住了她的身体，一种金属器械相互碰撞的声音，一阵无法忍受的钻心的痛。"叫什么，不怕让人看见丢脸呀！"

怀孕的少女们往往没有多少钱，没有多少时间用于手术，更没有时间用于术后的休息，而且学业压力不会因此而变小。她们知道术后需要休息，但她们又不能休息，她们怕因此伤害到身体，影响到未来的生育能力，但是她们不敢请假。她们怕让别人看出来，怕别人知道，怀孕中的少女整日担惊受怕，风吹草动都会让她们紧张不已。她们孤立无援，又不敢求援，这些都有可能使她们透不过气来。

更为糟糕的是，一旦怀孕及流产的事情被他人知道了，她们的心灵有可能受到更大的伤害。虽然在今天的中国，人们对性的态度发生了很大的变化，不再那么谈"性"色变，但往往仍会将性与一个人的道德品质紧密联系在一起。而且，在性的要求上，社会存在双重标准，对女性更为苛刻，过早发生性行为的女孩容易被扣上"坏女孩"、"作风不正"的帽子，她们要承受更大的社会压力。

未来的爱情、婚姻与"性"福

在写作《藏在书包里的玫瑰》一书时，作者曾经采访过一个叫历历的女孩，她初一时正式交男朋友，高一发生性行为。她后来很后悔，后悔不应该在16岁时就发生了，也不应该这么随便就发生了。她说："16岁，应该拥有的是纯洁的爱情。"过早发生性行为对她的爱情观、婚姻观产生了很大的影响，她开始对爱情产生很大的怀疑，人生观也随之破碎了，竟然有了为钱去做"鸡"也无所谓的想法。

99%的初恋以失败告终，青春期少女与第一次发生性行为对象结婚的可能性也微乎其微。而当代中国男性当中，还有很多人是有"处女情结"的，即使有许多男人宣称不在乎，他们其实可能很在乎，有人做过调查，90%有过性行为的男性都想和处女结婚。不管我们把"处女情结"看成是封建落后思想、男权主义，还是对女性的歧视，它是真实存在的，必将影响到女性的婚恋和婚后的幸福。过早发生性行为的女孩，在将来谈婚论嫁时，不可避免地要面对未来丈夫的疑问。结婚以后，这个问题有可能成为一种阴影，威胁到夫妻关系和婚姻幸福。

一般而言，少女过早的性行为，往往是在一些不正常的心理氛围，甚至偷偷摸摸的情况下进行的，男女双方往往都没有做好充分的生理心理准备就发生了。男孩处于高度亢奋的性冲动状态，而女孩处于紧张、恐惧、羞怯的状态。在这种状态之下的性行为，性爱质量往往是较差的，双方很难感受到性的美好。紧张、焦虑和亢奋容易导致女孩的生理伤害，如尿道感染、生殖道损伤等。初次性爱的不和谐，可能会给以后的性生活投下阴影，导致对性生活的厌恶，认为性是肮脏的，性是痛苦的，给以后的性生活埋下隐患。

性教育严重缺失

公平地讲，今天中国的性教育已经有了很大的进步，但跟实际的需要相比，还有非常大的差距，在许多地方，在许多时候，性教育还处于缺失状态。

家庭性教育缺失

客观地讲，在中国当代的许多家庭，性教育是若有若无的。许多父母谈性色变，把性看做丑陋的事情，用粗暴的手段压制孩子对性的疑问，或者以沉默、打岔等"鸵鸟"方式来回避，或者用自认为是善意的"谎言"来欺骗孩子。

我们可以看两个故事：

第一个故事的主人公是一个叫伟峰的北京男孩，在初中二年级就发生了性行为，在接受采访的过程中，他讲了这样一个故事：

> 我妈是会计。我记得特别清楚，我问我妈，孩子是怎么生出来的？我妈说你长大了就知道了。还有一次，我看出土文物"金缕玉衣"的展出，男性展品的生殖器给包起来了，我当时特别小，问我妈，这是什么啊？我当时真的不知道，我妈却给我一个嘴巴！我记得特清楚。还有一次，我妈逗我："就你这样，娶得到媳妇儿吗？"我当时真的是特童心的一句话："那我娶你得了呗！"我妈又给我一个嘴巴！打得我莫名其妙。那时候觉得我妈真够损的，长大以后才明白其中的道理。

第二个故事是一个四年级的男孩：

> 有一天，小男孩问爸爸："我是从哪里来的？"

爸爸回答："你是我和你妈妈捡回来的。"

于是，他又跑到爷爷的房间："爷爷，我爸爸是从哪里来的?"

"你爸爸啊，是这样的，我和你奶奶年轻的时候非常想要一个孩子，就天天烧香拜佛。结果有一天早上，一只老鹰叼着一个小孩放到我们家门口——那就是你爸爸!"

后来，这个小学生的作文《我的家庭》里面就有这样一句话："我的家庭太奇怪了! 从爷爷奶奶到我的爸爸妈妈，我们家已经两代人没有性生活了!"

故事中的对话在中国家庭中非常典型，父母想让孩子生活在无"性"的真空中，但殊不知，今天的孩子已从电视、网络、同学等多种途径获得了异常丰富的性信息，其中有许多是对未成年人极其有害的不良信息。

学校性教育不容乐观

性教育，往往成为学校教育的"盲点"和"鸡肋"。学校性教育的缺失，有多个方面的表现：

第一是师资缺乏。许多学校没有专门从事性教育的师资力量，往往由教生物学的教师来讲授性教育课，有些学校干脆让校医院的医生来担任，许多情况下都是外行"捉刀"。而性教育是一个涉及专业较多较广的领域，需要具有生理学、心理学、教育学、美学、伦理学和法学等多方面知识的专门人才。

第二是教材缺乏。许多学校苦于缺少专门用于性教育的教材，只好用生理卫生等教材凑合使用。

第三是缺少课时。限于应试教育的巨大压力，关于性教育的课时往往被最大限度地压缩。只有几次讲座，或者很少的课时。没有充分的课时保证，性教育课程就成为知识的灌输，重形式不重效果。

第四是性教育进行得太晚，成为"事后诸葛亮"、"马后炮"。现在的青少年生理早熟，性早熟，许多女生在小学五六年级就已月经初潮，而许多学校的性教育到了初二初三才羞答答地"登台露面"，还"犹抱琵琶半遮面"。

知识链接：性教育并不会导致青少年性行为的增加[24]。

联合国教科文组织在2008年进行了一个有关性教育的文献回顾，该回顾包括87篇文章（见表2），其中发展中国家29篇，美国47篇，另外11篇来自其他发达国家，具体结果如下。从表中的数字我们不难看出，性教育的开展收到了积极的效果。

※ 在"第一次性行为时间"方面，38%的研究认为性教育使第一次发生性行为的时间推迟了，62%的研究认为性教育对第一次性行为时间没有明显的影响，没有任何一个研究显示性教育会导致第一次性行为时间提前。

※ 在"性行为频率"方面，31%的研究认为性教育减少了性行为频率，66%的研究认为性教育对性行为频率没有明显的影响，只有3%的研究认为性教育导致性行为的频率增加了。在"性伴侣数量"方面，44%的研究认为性教育减少了性伴侣的数量，56%的研究认为性教育对性伴侣的数量没有明显的影响，没有任何一个研究显示性教育会导致性伴侣数量的增加。

※ 在"安全套的使用"方面，40%的研究认为性教育促使了安全套使用量的增加，60%认为性教育对安全套使用没有明显的影响，没有任何一个研究显示性教育会导致安全套使用量的减少。

※ 在"避孕措施的使用"方面，40%的研究认为性教育促使了避孕措施的使用，53%认为性教育对避孕措施的使用没有明显的影响，只有7%的研究显示性教育会导致避孕措施使用的减少。

※ 在"危险性行为"方面，53%的研究认为性教育减少了危险性行为的发生频率，43%的研究认为性教育对危险性行为的减少没有明显的影响，只有3%的研究显示性教育提高了危险性行为发生的频率。

这些结果显示，总体而言，性教育是有积极成效的：推迟第一次性行为的时间，减少性行为的频率、性伴侣的数量和危险性行为，促进安全套和避孕措施的使用。

表2　性教育对性行为的影响

	发展中国家（29篇）	美国（47篇）	其他发达国家（11篇）	所有国家（87篇）	
第一次性行为时间					
第一次时间推迟	6	15	2	23	38%
没有明显的影响	16	17	7	37	62%
第一次时间提前	0	0	0	0	0%
性行为频率					
频率减少	4	6	0	10	31%
没有明显的影响	5	15	1	21	66%
频率增加	0	0	1	1	3%
性伴侣数量					
数量减少	5	11	0	16	44%
没有明显的影响	8	12	0	20	56%
数量增加	0	0	0	0	0%
安全套的使用					
使用量增加	7	14	2	23	40%
没有明显的影响	14	17	4	35	60%
使用量减少	0	0	0	0	0%

（续表）

	发展中国家 （29 篇）	美国 （47 篇）	其他发达国家 （11 篇）	所有国家 （87 篇）	
避孕措施的使用					
使用量增加	1	4	1	6	40%
没有明显的影响	3	4	1	8	53%
使用量减少	0	1	0	1	7%
危险性行为					
减少	1	15	0	16	53%
没有明显的影响	3	9	1	13	43%
增加	1	0	0	1	3%

青春期提早带来挑战

今天的女孩，与她们的母亲一辈相比，青春期已明显提早了。上海社科院青少年研究所长达15年的研究发现，我国青少年性成熟期普遍提早，1999年女孩月经初潮的平均年龄为12.54岁，男孩首次射精平均年龄为13.85岁，比上世纪60年代提前了1—2岁。由美国福特基金资助的"青春健康"（2003）调查显示[25]：中国青少年目前性成熟年龄普遍比上个世纪70年代提前了4—5岁。中华儿科学会对中国9个省会城市4万余名中小学生的专项调查显示[26]：中国女孩的青春期发育年龄平均为9.2岁，比30年前提前了3.3岁。

青春期的发育，雌性激素和雄性激素的大量分泌，第一性征和第二性征的出现，女孩们的性生理性意识被唤醒了，这必然会影响女孩的行为。

女孩的青春期本来就比男孩早1—2年，青春期的提早，必然使她们更早地面对性的好奇与性的压力。

在青春期提早的同时，当代女孩的心理成熟期却在不断推迟。心理成熟包括的内容很多，比如认知成熟、情绪成熟、独立承担责任等等。成熟心理既是一种理智，也是一种控制能力。人的一些本能欲求（如性本能）应该受到成熟心理的调节和控制。那些过早发生性行为的少女，其心理成熟程度往往较低。

减少未成年人性行为与少女怀孕
——拯救女孩的五个建议

建议一：充分的关爱是最好的预防

一两的事先预防胜过一吨的事后补救，而最好的预防是给予女孩充分的关爱。许多女孩过早的性行为，有可能是为了寻求一种亲密感。在父母那里得不到足够的温暖与关心，她就可能会到家庭之外去寻找。在寻找亲密感的过程中，有些女孩涉世不深，并不知道什么是真正的爱情，容易把爱与性混淆在一起，稀里糊涂地过早地发生了性行为，事后，她们会感到后悔，性并非她们真正需要的，她们真正需要的是那种温暖的感觉。

对女孩来说，来自母亲和来自父亲的关爱都是重要的。母爱就像一个安全的港湾，能给予她安全感，让她有自由探索的动力，当她受到挫折和伤害时，她知道母亲是她的避难所。她可以在那里休整，得到母爱的安抚，让她有继续前行的勇气。父爱能给女孩另一种温暖，父亲的欣赏会让她得到情感的满足，父亲给她树立了一个健康异性的榜样，让她知道如何做出明智的选择。

充分的关爱还来自和谐的家庭关系，父母相敬相爱会创造一种良好的家庭氛围，沐浴在这种关爱氛围中的女孩，更容易自尊、自重、自爱、自我控制，往往不会轻率地做出有关性的决定。

建议二：性教育应以人格教育为核心

科学的性教育包括两部分主要内容，一是性道德教育，二是性知识教育，这两者应该有机融合在一起。

有一个学校，开展了性生理教育以后，老师上课，用"阴"字组词，结果有一个男孩马上用"阴道"、"阴茎"组词了。如果没有性道德的前提和铺垫，就容易发生这样的事情，在告诉孩子有关性知识的同时，我们还要告诉孩子与性有关的社会禁忌，告诉孩子不能随便使用这些。父母要了解到：性教育绝非只是知识性的，更不仅仅是技术性的，它首先是一种现代的人生理念教育，一种现代的价值观教育，一种高尚的情感教育，其核心为人格教育。我们非常认同美国锡拉丘兹大学儿童和家庭教育教授索尔戈登的观点：没有价值标准的性教育是没有价值的性教育。索尔戈登在《我们的孩子需要从性教育中得到什么》一文中说，对女孩的性教育至少应该包括以下：

♀ 应该有自尊心，建立成熟的人际关系，对性行为负责。

♀ 为结婚和做父母做好准备，了解人与人之间的关系，加强对家庭生活的责任感。

♀ 理解爱情是人的性爱的基本组成部分，认识到"性"绝不是对爱情的考验。

♀ 准备为自己做出的决定负责，在性的领域中，也要依据一种普遍的价值标准，即不要伤害或剥夺他人，用他人的牺牲来满足个人的私欲是错误的。

♀ 了解和理解我们生活中的性，认识我们生来就有性欲，而且持续不断具有性的需要；要了解性产生的广泛内容，认识性不仅仅表现为异性间的性交，也不仅是生育。应当集中讲解情感交往和价值观在性中的体现。

建议三：认真回答孩子的性提问

在性知识教育方面，父母不能像鸵鸟一样回避问题，而要以科学的态度回答孩子的性提问。作为女孩的父母，尤其是母亲，从小就应该承担起女孩性知识启蒙者的角色。母亲应该循序渐进、主动地帮助女孩了解与性有关的知识。在小学二三年级时：要让女孩知道自己是怎么来的，自己的身体结构是怎么样的。到小学高年级，重点向孩子讲解性心理。到中学时，要告诉女孩性道德和过早发生性行为的危害，父母要明确表达他们对女孩的期望。

在性知识方面，父母会碰到孩子的各种疑问。如何回答孩子的疑问，下面一些做法值得父母尝试：

♀ 如实回答。当孩子向父母提问时，尽量如实回答，不要遮遮掩掩。如果孩子提出的问题是陌生的，父母也没有答案，请父母不要紧张，只要告诉孩子自己不知道即可。

♀ 准备几本性知识的书。父母可以选择几本由专家编写的性教育读物，放在家里，供孩子翻阅。

建议四：教女孩学会自我保护

父母要想方设法教女孩学会如何自我保护。与性有关的自我保护有两层含义。第一是保护自己免受性侵害或发生非自愿的性行为；第二是在发生性行为时，要懂得使用避孕工具等以避免怀孕或感染各种性传播疾病。

♀ 在女儿很小的时候，父母就要明确告诉女孩有些部位（如私处）是不允许任何人去触碰的。比如英国颁布的《儿童十大宣言》中就有一条：背心、裤衩覆盖的地方不许别人摸。

♀ 告诉女孩注意危险因素。如不要独自一个人走夜路，不要独自一个人跟陌生男性在一起。

♀ 要告诉女儿学会拒绝，当跟男朋友或要好的男生在一起时，一定要果断拒绝其性要求，不要拖泥带水，不要犹豫不决，要明确告诉他：如果爱她，就要学会等待，真爱是能经受得住等待的。

♀ 让女孩掌握如何使用避孕套的知识。在这一点上，许多父母往往不以为然，认为这有变相纵容孩子发生性行为的嫌疑。2008年，"防艾"形象大使濮存昕一句"将一盒安全套放进了女儿的行李箱"就曾引起巨大争议。其实，这是明智之举，因为孩子并不会因此而发生性行为，而且当发生无法抗拒的性行为时，能做到自我保护。

建议五：如果发生了，请把伤害降到最低

如果有一天，一个女孩告诉自己的父母，她发生了性行为，甚至已经怀孕时，父母应该怎么办？这是最考验父母爱心与智慧的时候。有一些不明智的父母，当得知自己的女儿发生性行为，甚至已经怀孕时，马上失去了理智，用肮脏的语言污辱她，或者用暴力的手段去惩罚她，或者威胁断绝关系，父母认为孩子的行为是给自己抹黑，让自己丢脸，让自己无法面对他人……

少女发生过早性行为，大多数是因为年幼无知，对性的好奇与自然渴望，在青春期强大的性驱力驱使下，没有控制好自我，这往往无关道德。因此，父母不能用道德的视角去评价孩子的行为，更不宜用世俗的偏见去歧视她，更不能污辱或惩罚她。这样的做法是愚蠢的，这不但于事无补，反而是对女儿的二次伤害。

发生性行为甚至怀孕以后，大多数女孩的反应是懊悔的、自责的，99%的女孩是不希望父母知道的。女儿选择让父母知道，是因为她信任父母，并需要获得父母的支持和帮助。我们来看一位大连妈妈是怎么做的：

有一家人从一个小地方到辽宁大连去发展。有一天，上高二的女儿一下子跪倒在妈妈面前，开始号啕大哭，妈妈，我错了，我对不起你，我真不应该，我真后悔，我错了。妈妈一下子被哭蒙了。女儿告诉她，自己怀孕了。

这个妈妈事后说，当时一听这话，头发都快竖起来了，这么老实巴交的孩子一张嘴就说自己怀孕了，她差一点晕了过去。但这个妈妈马上意识到：这个时候我要是倒下来，我的孩子怎么办。于是，这位妈妈使劲控制着让自己镇静下来，说闺女不要怕，只要我们有勇气，什么难题都能解决。

妈妈陪女儿来到医院，以妈妈的名字挂号做了妇科检查，检查发现女儿果然怀孕了，医生建议马上做人工流产。妈妈问女儿，闺女怎么办，做不做啊？女儿说，愿意做，马上做。

这位妈妈就给学校老师打电话说，我女儿得了急性阑尾炎，需要做手术，请假20天。妈妈也请假20天在家里精心照顾女儿，一句责备的话都没有，因为她知道女儿已经很后悔很自责了，这个时候没有再指责的必要了。

妈妈的这种态度把女儿感动得热泪盈眶，她告诉了妈妈到底发生了什么事情……女儿感到很后悔。

这位妈妈跟女儿谈什么是性什么是爱情什么是生活，她们谈了很多。女儿说，妈妈你放心吧，我一定让你看到一个让你骄傲的女儿。女儿很快就康复了，严格要求自己，勤奋学习，考上北京一所著名的大学，大学还没毕业就收到三所美国大学的研究生录取通知书。

我们希望天下的女孩父母都要认识到：当一个女孩过早发生性行为时，父母可能是她的最后的依靠，父母要给予孩子坚定的支持。如果女孩怀孕，这可能是她最脆弱的时刻，她最需要的就是父母的理解和帮助，这是她战胜困难的勇气之源。

爱孩子是没有条件的。我们衷心地希望天下所有的女孩父母：接纳你的孩子，不管她犯了什么样的错误，她仍然是你的孩子，她仍然需要你的爱。在孩子最需要父母理解与帮助的时候，父母选择接纳还是抛弃孩子，是救她于危难还是雪上加霜，将有可能影响她的一生。

🐾 发现女孩之四：生理早熟的女孩

总体而言，女孩的生理发展要早于男孩，比如，女孩进入青春期的时间要比男孩早1—2年。我国1999年的调查数据显示：女孩初潮的平均年龄是12.54岁，男孩首次遗精的平均年龄是13.85岁，女孩比男孩早一年多。

一、身体与动作早熟

在出生以前，女孩在生理上就比男孩更成熟[27]。在母亲怀孕中期，女孩的骨骼发育比男孩提前3周。出生时，女孩的骨骼比男孩提前4—6周，而且，这一差距会随着年龄的增长而增加，到了青春期以前，女孩的骨骼发育比男孩早两年之多。

儿童和青少年精神病专家塞巴斯蒂安·克雷默指出[28]：女婴出生后的发育速度比男婴要快得多，一名刚出生的女婴的身体机能和一名出生6个星期的男婴不相上下。

在动作发展上，女孩早于男孩。在7个月大的时候，女孩在使用勺子、用笔画线条等精细运动技能上走在男孩前面，这种差异要持续许多年。在小学阶段，通常女孩写的字更漂亮，女孩动作的灵巧性比男孩强得多。

在身体发育上，女孩领先于男孩。女孩达到成年身高的一半、进入青春期及停止发育的时间都比男孩早。

二、大脑和神经系统早熟

女孩动作发展之所以领先于男孩，原因之一就是控制动作发展的大脑和神经系统发育领先于男孩。

在儿童青少年时期，女孩的大脑发育总体上领先于男孩。

2006年，美国心理卫生研究所的15名神经系统科学专家组成的一个专家小组发表了一个研究报告。该报告详细记录了大约2000个4—22岁孩子的大脑发育状况[29]：

> 研究人员发现，男孩和女孩的大脑中，很多区域的发育顺序和速度都不相同。大脑的不同区域，例如大脑顶灰质——控制从各种感官处得来的集成信息，男孩和女孩的发育轨迹是相似的，但女孩的发育速度大约要比男孩快两年；另一些区域，例如大脑颞灰质——控制人类的空间知觉和目标识别能力，男孩、女孩的发育轨迹类似，但男孩的发育速度却要比女孩稍微快一些；还有一些区域，例如控制视觉皮质的大脑枕灰质，男孩、女孩的发育轨迹明显不同，没有任何重叠，女孩在6—10岁时，这个区域迅速发育，而男孩却不是。14岁之后，女孩大脑的这个区域逐渐变小，脑组织数量逐渐减少，而这时候男孩子大脑的这部分区域却快速发育。
>
> 要知道，大脑的成熟通常结合着大脑区域的减小，记住这一点很重要。可能女孩在十几岁时某个区域已经开始缩小（引者注：脑区缩小意味着发育成熟），男孩大脑的这个区域却正在发育。
>
> 当然，还有研究发现，5岁男孩的大脑语言区域发育水平只能达到3岁半女孩的水平。

在出生时，女孩的大脑就比男孩更成熟。美国西北大学的认知科学家Burman所领导的研究小组也发现[30]，与女孩相比，男孩的大脑要花更长的时间才能够走向成熟。

学会上厕所是幼儿大脑成熟的标志之一。研究表明[31]，30%的女孩和只有15%的男孩在两岁半时学会上厕所。在3岁时，70%的女孩和只有稍微超过一半的男孩学会上厕所。

女孩的神经系统整体比男孩成熟得早一些，所以受神经系统支配的手眼协调动作更灵活、更准确，平衡性也更好。

五 不当节食减肥危及女孩身心健康

"我还可以再瘦点儿！"

我叫邢丽颖，13岁，今年上初二，我从小就胖，同学们都叫我企鹅。不过我现在瘦下来了，而且，比其他女生都瘦，1.62米的个子38公斤。刚瘦下来那会儿，我把班里的男生女生全震了，那时候心里特别有成就感，感觉我征服了全世界！

说到减肥，还要从两年前那次家庭战争谈起。我父亲是位工程师，他似乎每天都在忙工作，很少关心我，当然，除了学习成绩。那次我期终考试没考好，父亲得知后，气急败坏地在饭桌前发起火来："吃、吃、吃，你就知道吃，都吃成肥猪了！"我霎时觉得如鲠在喉，跑到厕所，把吃的饭全吐了出来。从那儿以后，我下定决心，一定要减肥！

在我们学校流行一句话："连自己的体重都掌握不了，如何掌握自己的命运！"听上去像是一句戏言，但在我听来更像是真理，为了我所追求的真理，我每天很少吃饭，并尽量多地运动。我也有禁不住诱惑的时候，偶尔会跟同学去麦当劳暴吃一顿，但每次吃完后，我都后悔不已，于是，更加努力地节食、运动。我清楚地记得，从130斤减到100斤我只用了一个月的时间。

我家有一个体重计，每天晚上临睡前，我都要偷偷地称一下体重。如果瘦下来一点儿，我会很有成就感，觉得这一天没白过；但如果体重不减反涨，我就会很苦恼，觉得受不了，其结果很可能是第二天被噩梦惊醒！

自从减肥成功后，我觉得更有安全感了，我喜欢这样的生活，一切都在我的掌握之中。虽然同学说我已经很瘦了，但我总觉得还不够瘦，我还可以再瘦点儿！

这是一位女孩的自述[32]。疯狂吗？且看2011年3月10日《羊城晚报》记者陈辉的报道《少女疯狂减肥饿剩一张皮》：

"身高1.68米，入院体重29公斤"——14岁的小敏的病历上写着这样触目惊心的数字。"她当时的样子就像是一副解剖室里的骨架蒙上一层皮，是被人抱进诊室的。"中山大学附属第三医院精神心理主任医师关念红拍拍病历对记者说。这样的"29公斤少女"她已经接诊了好几例，其中一人已经不在人世，成为减肥名副其实的牺牲品。

关念红说，20年前她出诊心理门诊，一年会碰到几例厌食症患者，而现在她一个星期就能接诊几例，患者几乎都是漂亮的花季少女。

……

减肥前的小敏身高1.68米，体重57公斤，身材匀称，是同学圈中的"高个儿小美人"。一次体育课上，小敏穿上运动短裤，被同学戏谑"大腿怎么变粗了"。一句戏言，却让爱美的小敏认为是同学对她的"警醒"——她变胖了。小敏开始减肥。

她的减肥餐单很简单，就是每餐只吃一个苹果，实在太饿了就多喝水，每天至少在跑步机上跑两个小时。乍看这样的餐单很熟悉，很多爱美的女明星、女艺人都是以"水果+运动"作为生活减肥的主要手段。

小敏的减肥目标是体重80斤，当她历尽艰辛达到目标想要停下来时，却发现身体已经不再受她控制了。她只要吃一点点东西，胃都会发胀、难受。严重的时候甚至呕吐。体重继续失控地往下掉！月经停了，每天精神乏力，什么事也做不了，一两天不吃东西也不觉得饿。这时候，小敏非常害怕，但已经来不及了，体重还是不断下降，身体状况越来越糟，皮肤极易溃烂，走路多一点大腿根就会磨破，衣服洗完，妈妈必须用手把衣服揉得软软的，才敢给她穿，她不得不休学……

当小敏被抱进医院诊室的时候，"她当时的样子就像是一副解剖室里的骨架蒙上一层皮，已经是严重的营养不良，面色蜡黄，皮肤极其粗糙，头发稀稀拉拉只有几根，她已经连坐的力气都没有，只能趴着回答我的问题"，关念红对小敏初次就诊的情形记忆犹新。对于小敏的暴瘦，家人心急如焚，以为肠胃出了问题，带着小敏辗转看了几家医院的消化内科，最后来到心理门诊，才知道女儿患上的是"神经性厌食症"。

小敏的身体为何会失去控制？关念红解释，减肥过度体重下降到一定程度时，大脑的海马体会受到损伤，对食物的厌恶程度增加，大脑会分泌一种激素让身体觉得"不需要食物"而患上厌食症。

事实上，今天的许多年轻女孩已经进入了一个疯狂的减肥时代。她们拼命节食、拼命锻炼、拼命做健身操，累得几乎昏倒在地。一些心急的女孩甚至拿手抠喉咙使自己难受呕吐，以至身体极度虚弱，付出惨痛代价。

进入青春期以后，女孩身体的肌肉和脂肪在朝着与男孩不同的方向发展，男孩的肌肉组织迅速增长，而女孩的脂肪则大量增加，青春期男孩肌肉与脂肪增长比例大约为3：1，而女孩的比例则大约为5：4，这使男孩看上去越来越健壮，女孩身体越来越丰满。女孩体内迅速增加的脂肪会重点分布到乳房、臀部、髋部等部位，最终使女孩的形体看起来日益丰满。女孩体内更高的脂肪水平，是具有进化意义的，这是为女孩将来承担母亲角色——生儿育女哺乳后代所必须做的准备。

但是，脂肪的增加，使许多女孩开始把脂肪当做"敌人"，通过各种方法进行减肥，即使是她们的体重处于正常范围内也是如此。对广州市4所学校2057名中学女生的调查表明[33]：女生的超重率为6.6%，肥胖率为2.7%，消瘦检出率为9.5%。值得注意的是，在不属于"超重和肥胖"的女生当中，却有34%"自认为超重或肥胖"，31.5%采取过各种减肥行动，17.8%采取过不良减肥方式进行减肥。在"超重或肥胖"女生当中，有45.8%的女生采取过不良减肥方式进行减肥。

与男孩相比，女孩对身体形象的关注度更高，她们有更高的身体形象压力，更容易受到不健康的减肥潮流的影响，更多的青春期女孩和女大学生会把"苗条"身材作为追求的目标。对广州市4所学校3875名初高中学生的调查表明[34]：男生不良减肥行为的发生率为8.9%，而女生则高达17.8%。正是这种对身体形象的过分关注，使许多体重正常甚至消瘦的女孩仍然认为自己体重过胖，错误地进行各种有害健康的减肥行为。

一项对中国女大学生的调查表明[35]：有七成女大学生正在忙于减肥，在北京重点高校的大三女学生中，95%已经加入"减肥娘子军"。北京在校女大学生中，体重超标以及达到"肥胖"的标准的总计只有7.3%，却有超过50%的"骨瘦如柴"型的女学生曾经或正在减肥。减肥过程中，使用错误减肥方法的比例累计高达90%，其中，最流行的方法是吃减肥药、"苹果餐"和绝食。

还有更疯狂的手段，听起来恐怖又可悲。据《重庆晚报》2004年2月16日的报道：

　　某大学女生雷雷（化名）昨天刚从人流手术台上下来，便在好姐妹的陪伴下逛了一遭歌乐山。虽虚汗直冒，脸色苍白，她仍坚持从山脚到山顶走了个来回。据与雷雷同行的蒋玲玲（化名）介绍，起初雷雷精神状态很好，可后来越走越慢，歇气的时间越来越长，快到山顶的时候，雷雷脸色苍白，汗水直冒，虚弱得站都有些站不稳，仍坚持走到了山顶。三人在山顶吃午餐后，原路返回。据蒋玲玲称，雷雷在途中用矿泉水吃了两次止痛片，五次躲到一边"方便"。据称，晚上三人还要去网吧熬夜。"这样减肥效果才好！"

蒋玲玲说，人流后长时间熬夜、进行强体力运动减肥很有效，目前在年轻人中非常流行。她们都听信了网络上所谓的"成功减肥者"忠告：妊娠和做一次人流不容易，要最大限度地发挥减肥作用，就一定要继续节食，同时保持一定的运动量。

这简直是把健康当儿戏。这种只顾眼前、不管明天的疯狂举动，未来将会付出多么惨痛的代价呢？她们的身体和心理会出现什么情况呢？

减掉的不仅仅是脂肪，还有健康

不当减肥除了使女孩患上贫血、甲状腺机能亢进等营养性疾病以外，还会引起内分泌失调，使身体机能发生紊乱。

——左世斌，北京医科大学第三附属医院主任营养师

节食会导致身体长期热量不足，各器官的功能因此受损。如果女性体内的脂肪含量低于15%—20%，就会导致月经紊乱或停经，甚至影响生育。此外，长期过度节食也会导致厌食症，严重的还会诱发抑郁症。

——朱慧娟，北京协和医院内分泌科博士

不当节食减肥的效果是不能持久的。单纯依靠节食减肥，

有41%的人会出现反弹，将近2/3的人在四五年后体重会反超。

——美国加利福尼亚大学的研究结果

生长发育受阻

青春期是一个人生长发育最旺盛的时期，营养缺乏将会直接影响人的生长发育水平。青春期女孩正处于身体发育的关键时期，身体的各个器官在迅速发育之中，生理代谢十分旺盛，本身就需要消耗大量的能量和各种营养物质。中学时期的课业负担又非常巨大，这进一步增加了她们对各种营养物质的需求。因此，青春期女生所需要的能量和营养物质，应该高于成年女性。医学研究认为：青春期女孩每日所需要的热量一般不能少于3000千卡，如果达不到这一标准，就会影响生长发育。

不当节食减肥还会影响青春期女孩的身高增长，而这一点正是几乎所有拼命减肥的年轻女孩都不希望出现的结果。为什么现在孩子的身高普遍比父母高，一个很重要的原因就是今天的营养条件远远好于过去，充足的营养使女孩的身高潜能得到了最大程度的实现。节食减肥会导致所摄取的能量和各种营养物质的缺乏，最终影响到女孩的身高增长。不当节食减肥的女孩，其身高可能会因此而矮一些。

闭经

大学生小红（化名）是重庆市某高校的大二学生[36]，身高1.53米。有一天，在途经重庆解放碑一药房时，碰巧称了一下自己的体重，哪知指针指向了41公斤，比平时的38公斤足足多了3公斤！这一体重硬是把她吓了一跳，旋即，小红给自己定下了减肥计划——通过饥饿减肥。

小红的减肥计划在普通人看来已经近似自虐：中午，只吃两份素菜，其中一样一定是豆腐——那就是小红臆想中的"肉"；晚上一般不吃；早上通常是不到5点就醒了——饿醒的，然后随便吃两块饼干了事；最重要的一点是绝不能吃米饭和肉。

即使是在进行如此残酷的"饥饿疗法"的同时，小红也还会坚持每天晚上约上同学到操场上去倒走散步；上网从不聊天，只查看与减肥有关的信息；早上勉强充饥的食品也必须是苏打或消化类的低脂肪饼干。

在如此情形下坚持过了4个月，小红终于将体重控制到了34公斤。

但是，减肥的成功也让小红付出了沉重的代价：走路打偏偏，而且更为严重的是竟连续4个月没有来例假了。到医院检查后，医生诊断为子宫幼小，已呈低龄化，不能生育了。如果还不停止减肥，将发展为厌食症，到那时将有可能危及生命。

目前小红只能靠吃激素类药物来增加荷尔蒙的分泌，以维持女性特征。

医学研究指出[7]，不当节食减肥容易引起人体蛋白质缺乏，最严重的后果就是引发闭经。

正常女性一到青春发育期，脑垂体会分泌大量的促性腺激素，促使卵巢成熟，出现排卵，开始月经初潮，并逐渐有了规则的月经。这种促性腺激素是一种含糖的蛋白质。缺乏蛋白质的人，就不能分泌足量的促性腺激素。以小动物为被试的试验证明：小动物在长期挨饿之后，就会出现脑垂体功能衰退，不能分泌大量的促性腺激素，从而导致其卵巢等生殖器官萎缩，功能减退。人同样也是如此。医生们还发现，有些女孩就算恢复了食欲，体重上升后仍会闭经多年，这是因为长期饥饿使脑垂体功能损伤后，短时间不能立即恢复正常的分泌功能，其主管的卵巢也难以恢复。

18岁女孩的体内脂肪至少要占体重的23%。据研究，这是她们将来能够怀孕、分娩及哺乳的最低脂肪水平。低于这个水平，就很容易造成原发性闭经。只有当女性的脂肪占体重的30%—35%，男性的超过25%的时候，才可以称为肥胖。

除了闭经，不当节食减肥还容易引发月经周期失调，过瘦的女性往往会怀孕困难，过瘦的女性进入更年期的时间也更早。

知识链接：脂肪不是女孩的敌人

※　许多女孩之所以不当节食减肥，是因为她们缺少知识，她们可能会人云亦云，把脂肪看做"敌人"，而不知道一定水平的脂肪其实是她们的朋友——健康的保障，她们也对节食减肥的危害缺乏足够的了解。

※　当青春期来临时，父母要有意识地让女孩了解这方面的相关知识。当女孩进入身体快速发育期，对体内迅速增长的脂肪感到无所适从时，父母要以欢迎的态度告诉女孩，她正在走向成熟，她体内的脂肪其实是她的朋友，脂肪的积累在为她将来当妈妈做准备，她体内脂肪的迅速增加是雌性激素作用的结果，这都会让女孩以正面的态度迎接脂肪的增多。

智力、自信心与自尊心下降

一项对164名12—14岁青少年的调查表明[38]：急剧的节食会对思维能力造成损伤。体重下降的同时智力水平也会降低。人在从事脑力劳动时，需要消耗大量的能量和各种营养物质，时刻需要保证充足的氧气和各种营养物质的供给。人的记忆能力与大脑细胞的营养状况也有密切关系。节食减肥所造成的营养不足，会使脑细胞早衰，损害记忆能力，影响思维过程的正常进行，并危及智力表现与学业成绩，影响其学业自信心。

过度节食减肥的女孩，其身体满意度往往也较低，这些都是女孩自尊和自我价值感的杀手。一项对9—15岁学生的调查证实[39]，对自己外表太过关注的女孩，往往不能充分发挥她们的优势。女性心理学家乌尔苏拉·努贝尔认为："对自己身体感到满意的女性具有稳定的自我价值感，她们相信自己，知道自己能做什么，懂得尊重自己，不会认为她们的价值取决于外表。"

神经性厌食症

不当节食减肥的最严重后果莫过于患上"神经性厌食症"（又名嗜瘦症）。这是一种潜在的致命的饮食障碍。厌食症患者对身体变胖有一种病态的恐惧，情愿做任何努力以清除体内的脂肪。厌食症患者会持续性节食，吃得越来越少，直到瘦得皮包骨头，看起来像一具站立的骨架，她们仍然坚持认为自己太胖了，还可以再多减几斤。

> 2006年11月14日，巴西名模安娜·卡罗琳娜·海斯顿——意大利著名时装品牌乔治·阿玛尼的形象代言人，英年早逝。她的死因就是节食导致厌食症及并发症。神经性厌食症使她的全身器官受到感染，入院3周后即告死亡。去世时，身高1.74米的卡罗琳娜体重仅剩40公斤。在她死后，人们发现她的食谱上只有两样东西：苹果与西红柿。
>
> 2006年8月，22岁的乌拉圭名模路易丝·拉莫斯因为营养不良导致心脏病突发死亡。据了解，她死前已经好几天没有吃过东西了。之前的数个月，她也只喝饮料和吃绿色多叶蔬菜。半年之后，2007年2月，她的妹妹——模特艾莲娜·拉莫斯也因营养不良引发的心脏病而死亡……

数据显示[40]，1/200的青春期女孩深受神经性厌食症的危害（在青少年男孩和成年妇女中的发病比率大约是1/2000）。

如果没有得到专业性的治疗，大多数神经性厌食症患者的状况将不会有任何改善，大约有6%的厌食症患者最后会选择自杀或者饿死。即使是那些幸存下来的女孩，因为身体长期得不到足够的维生素、矿物质与营养，其身体内脏器官组织结构受到严重损伤，身心各器官的功能严重衰退，往往会留下永久性的身体伤害。

知识链接：最瘦的人死亡率最高

※ 一项历时24年、调查了5000多人的研究中[41]，研究者发现：最瘦的人死亡率最高。除了心血管疾病，最瘦人群在其他疾病方面的死亡率都是最高的。比平均体重轻15%的女性，容易得肺炎、流感和消化系统疾病。美国加利福尼亚州另外一项针对7000人的研究发现，死亡率最高的是那些比平均体重低10%的人。

扭曲的审美倾向：把异常当做正常

鲁豫是凤凰卫视的著名节目主持人，她的瘦，其实让很多人不忍心去看，时事主持人曹景行先生曾这样形容：一根火柴棍加一个大脑袋。在她的自传中，她公开承认："人越瘦越美"是她一生追逐的信条。[42]

作为一个出色的女性公众人物，她的这个人生信条对女孩和女性有误导作用。

在今天形形色色的电视广告、时尚杂志和电影中，苗条身材常常被当做女性吸引力的必要指标。模特、流行女歌手、女演员、广告明星，这些众人瞩目的女性形象变得越来越苗条。年轻的女孩将她们作为比较和模仿的对象，好身材将永远遥不可及，永远也达不到"理想女性"的苗条标准。

事实上，那些走在T型台的女模特，其身材十有八九是异常的，属于"病态"。那些身材过分消瘦的女模特，说得不客气，是商业社会制造出的"怪胎"和"异类"。时尚产业就像一个巨大的阴谋，把99%的平常女性难以达到的病态身材打造成为一种"标准"，人为地制造时尚与潮流。

心理学家托马松博士曾对巴西近2000位模特进行了长达11年的追踪研究[43]，调查了时尚行业是如何制造这种"病态"标准的：如果一个人的身材超出了行业标准一丁点儿，她就会被认为"病态的肥胖"，从而助长了一种完全不切实际的美丽标准。而要达到这种所谓的"美丽标准"，模特们要依靠特殊的食谱、处方药和非法药品、节食，甚至利用药物破坏消化系统来达到减肥的目的。托马松博士把模特公司看做"厌食症患者兵工厂"。

英国40名专业医生曾联名给英国时装委员会写了一封信，认定时尚产业与女性厌食具有因果关系，认为"时装产业展示具有极端特征的身体曲线是一个导致年轻女性厌食的确定因素"。

不幸的是，时尚产业的这个阴谋还是成功了。当代社会中的许多女性正身陷其中，花费大量的时间与金钱，企图通过各种减肥手段来达到这种"病态"标准。在此过程中，时尚行业和节食产业都大获其利，数字显示，美国的节食产业在1997—2007年间增长了两倍，达到333亿美元。在中国，各种名目繁多的减肥广告铺天盖地，一份市场研究报告显示，2010年中国减肥产品市场总额将达到600亿元人民币。在这些数字的背后，隐藏着多少因不当节食减肥而正在遭受身心伤害的女性！

知识链接：芭比娃娃不是好榜样

风靡世界的芭比娃娃其实对女孩并没有什么好处，芭比娃娃给所有的女孩和女性树立了一个不可能达到的标准，过高的胸部，过瘦的腰部，过于性感的身材，加上一个迷人的娃娃脸，她完全是对女性身材过度夸张的产物。人们已经在正视芭比娃娃对成长中女孩的消极作用[44]：

※ 美国民主党国会议员杰夫·艾尔德里奇近日建议，应禁止销售"芭比娃娃"及其类似玩具。他认为，这类玩具会对女

孩造成负面影响。艾尔德里奇指出，像"芭比娃娃"这样的玩具会给小女孩们造成这样的印象：美丽的外表远比发展智力和学习知识更为重要……他向美国参议院法律委员会提交了相关的法律草案。

※ 美国女性组织表示，芭比娃娃过于"性感"，过于"完美"，为小女孩设置了不可能实现的目标，最终结果就是伤害了她们的自尊心，使得她们对自己的容貌和身材感到自卑，因此她不是妇女解放的象征，而是起着"迫害妇女"的作用。另一个对芭比最广泛的批评，是她宣扬不切实际的女性身体形象，导致模仿芭比的女性会患上厌食症。批评者指出，女性如果要有芭比的身材，必须有7英尺2英寸高，重115至130磅，臀围30至36英寸，腰围18至23英寸，胸围38至48英寸。因此，芭比娃娃虽然比较流行，但她并不是一个好榜样，我们建议女孩最好远离"芭比娃娃"这样的玩具。

避免不当节食减肥——拯救女孩的五个建议

建议一：帮助女孩建立真正的、坚实的自尊

自信的女人，她们的满意与快乐，并不依赖于身体多几磅或少几磅的表象。

——德国心理学家西尔维娅·施奈德

许多女孩之所以热衷于节食减肥，甚至不惜冒身体健康与生命的危险，就是因为她们缺乏自信，而且深受扭曲审美标准的影响，把自信建立在这种虚假的"病态"的形体上面。要摆脱这种影响，父母就要引导

与帮助女孩建立真正的、坚实的自尊。

心理学家库伯·史密斯认为：自尊是指个体对自己所持有的一种肯定或否定的态度，这种态度表明个体相信自己是有能力的、重要的、成功的和有价值的。简言之，自尊就是一种个人的价值判断，它表达了个体对自己所持的态度。身体自尊是自尊的重要成分。

父母对女孩的看法是其自尊心的重要来源：

♀ 尊重女孩与生俱来的特点，不管高矮、胖瘦、美丑，发自内心地赞美她；

♀ 经常用赞赏性的话语描述她的行为；

♀ 在日常交往的言谈举止中自然地流露出对她的喜爱与欣赏。

如果女孩小时候就已形成一个较为积极的自我概念，具有较高水平的自尊，那么当青春期来临时，虽然体内脂肪迅速增加，体形变得日益丰满，但是她会很自然地接受这种生理的变化，更不会去做那些有损健康甚至危及生命的疯狂减肥。

父母一定要记住：自尊是女孩对抗"病态"审美标准的绝佳武器。

知识链接：什么是"体重指数"?

※ 父母可以与女孩一起了解与肥胖有关的科学标准——体重指数（BMI，Body Mass Index）标准。体重指数即身高与体重比例，体重指数=体重（公斤）除以身高（米）的平方。比如：一个女孩的身高是1.60米，体重是55公斤，那么，体重指数=$55/1.60^2=21.5$，其体重属于正常范围。即使她的体重达到60公斤，其体重指数=$60/1.60^2=23.4$，其体重仍处于正常范围之内。

> ※ 下面就是根据体重指数判断肥胖与否的相关标准：
> ◇ 偏瘦：BMI指数<18.5；
> ◇ 正常体重：BMI指数18.5—25；
> ◇ 超重：BMI指数25—30；
> ◇ 轻度肥胖：BMI指数>30；
> ◇ 中度肥胖：BMI指数>35；
> ◇ 重度肥胖：BMI指数>40。

建议二：鼓励女孩坚持自己的个性

环肥燕瘦，美的标准是主观的，瘦一点是一种美，胖一点也是一种美。每一个人都是不一样的，每一个女孩都应该有自己的个性。如果女孩能坚持自己的个性，她就不会因为身体丰满一点而过度焦虑，也不会为追赶所谓的时尚而减肥。有个性的女孩，会接纳自己的身体，悦纳并欣赏自己与别人的不同。我（孙云晓）曾对许多父母朋友讲过索菲娅·罗兰的故事：

索菲娅·罗兰是意大利著名电影演员，拍了100多部电影，比如大家都很熟悉的《卡桑德拉大桥》，她曾经两次获奥斯卡奖。

但是，索菲娅·罗兰是私生女，是一个远房亲戚把她养大。到了初中的时候，同学都发育得很丰满，她还是胸前平平的。

16岁时，索菲娅·罗兰已经发育得有些超常了，但她第一次拍电影时就碰到了麻烦，摄影师围着她转来转去，皱着眉头，后来耸耸肩膀，去找导演：

"导演，你找来什么破演员，真难看，没法拍！"

导演一想，也是。索菲娅·罗兰长得有什么特点呢？眼大、嘴大，什么都大，确实很夸张。结果这个意大利著名导演卡洛就把索菲娅·罗兰找来，跟她有一番非常经典的对话。

卡洛说：

"亲爱的索菲娅·罗兰，您很有表演才能，但是我的摄影师抗议说，没办法把您拍得美艳动人，因为您的鼻子太高了，而且您的臀部过于发达，您得回去把它给处理一下。"大家想想看，半个多世纪以前，美容业不发达，鼻子高一点可能还有办法，但是臀部发达，你怎么处理呢？很难处理。一个大导演对一个16岁的少女说这番话，你说谁受得了呢？但是，索菲娅·罗兰心理素质极佳，自我接受能力极强。她说：

"导演，我的鼻子是高了一点儿，臀部是发达了一点儿，这些都是我的特点，我不想为拍电影而改变什么。世界上的美为什么都要一个样呢？"

这句话是一种美学见解，一句话就把导演说得顿悟啦！因为当时，影坛上流行的是奥黛丽·赫本、葛丽泰·嘉宝那种类型的小巧玲珑、乖巧的美，而索菲娅·罗兰确实长得很夸张，眼睛和嘴都特别大。

卡洛导演听了这句话，一下子觉得自己顿悟了，是啊，世界上的美为什么都要一个样呢？他连连向索菲娅·罗兰道歉：

"对不起，对不起，我不该向您提出刚才的问题，这样吧，电影继续拍。这个摄影师如果继续抗议，我就另请高明，一定要把电影拍成。"

电影拍成了，一放映就引起了轰动，票房价值很高，而索菲娅·罗兰一发不可收拾，拍了很多好电影，成为一颗冉冉升起的明星。

索菲娅·罗兰得到的成功，与她的自我接纳密切相关。在2000年的时候，她被评为"千年美人"，现在还有索菲娅·罗兰品牌的化妆品。

建议三：认清"时尚"的真面目

英国心理学家曾做过这样一个实验[45]：心理学家调查了200多名13—17岁的青少年，分成两组，一组常看时尚杂志，另一组不看时尚杂志。15个月后，常看时尚杂志的一组中有更多的人认为自己太胖，希望节食减肥，而不看时尚杂志的那组则没有这种情况。有多达41%的少女说她们节食的想法来自时尚杂志。

时尚的标准是不断变化的。从历史角度来看，人们对女性美的看法是在不断变化的，中国古代就有"楚王好细腰，宫中多饿死"的说法。美国研究者曾分析了从1901—1981年在美国两种主要时尚杂志中出现的女性照片，结果发现[46]：在20世纪初，魅力女性的标准是丰腴的身体，20年代是"时髦女郎"时代，时髦的外貌标准是瘦长平胸；40年代，漂亮女性的标准是丰腴的身材；50年代，曲线优美的女性身材大受欢迎（如玛丽莲·梦露）；60年代，苗条身材成为女性新的身材标准。

父母要尽力减少时尚对女孩的消极影响：

♀ 父母不要去购买那些时尚杂志，更不要把它们带回家放在客厅里。

♀ 在看电视时，父母不要流露出对那些"骨感"模特的羡慕。

♀ 如果有机会，父母可以让女孩明白这些时尚代表、模特们其实是商业化运作的结果，她们的处境远不如舞台、T型台上那么光彩夺目，她们的消瘦身材也往往是以牺牲健康甚至生命的方式获得的。

建议四：减肥要以健康为目标

爱美之心，人皆有之，青春少女对身体美的追求和渴望是正常的，而且真正的肥胖对健康也是有害的。我们反对的是：过度追求苗条，以牺牲健康为代价，单纯通过吃减肥药、节食甚至禁食来减轻体重。

健康减肥，首先要做到合理膳食。减肥的女孩每天要保证摄入一定数量的碳水化合物、蛋白质、维生素、矿物质及其他各种营养物质。在饮食方面，父母可以借助专业书籍等帮助女儿得到科学的指导。

其次是适量的运动。减肥的女孩不适合进行剧烈运动，而应选择有氧运动，每次要运动半小时以上，如游泳、登山、骑自行车等。父母要帮助女儿养成运动的好习惯，每周定时完成一定的运动量。

此外，充足的睡眠也是健康减肥的妙招。2010年9月1日的美国医疗杂志《睡眠》上刊登的一份研究报告显示：青少年睡眠时间与肥胖之间有关联。苏珊·雷德兰是美国"贝丝·伊斯雷尔女执事医疗中心"的研究人员，她带领的研究小组曾对240名16—19岁的青少年进行了连续5—7天的研究。研究结果显示：睡眠时间不足8小时的受试者平均每天摄入1968卡路里，而睡眠时间超过8小时的受试者平均每天的摄入量为1723卡路里。

研究人员发现了其中的原因。原因之一是睡眠不足会改变青少年的饮食习惯，睡眠时间较少的青少年从富含油脂食物中摄入热量的比例更高，来源于碳水化合物的热量较少，而研究证据表明，从油脂中摄取的热量更容易转化为人体脂肪储存起来。原因之二是睡眠不足会引起人体内一种激素的分泌量降低，这种激素有助于分解油脂、降低食欲。缺觉同时导致体内生长激素分泌量增加，而这种激素对食欲有促进作用。

建议五：父母的评价和做法很重要

父母千万不要直接或间接评价女儿的胖瘦。前面提到的初二女生邢丽颖疯狂节食减肥的诱因之一，正是父亲气急败坏的辱骂："吃、吃、吃，你就知道吃，都吃成肥猪了！"青少年女孩往往会特别在意父亲的看法，因为父亲往往是她的第一个、也是目前生活中最重要的异性榜样，父亲对女儿的看法，代表了异性对女孩的看法。如果一个父亲以欣赏的眼光看待女孩的身材变化，女儿就更有可能接受这些变化。母亲的评价对女孩的影响也不容小视，母亲的评价更易于获得女孩的认同，因为她们都是女性，在肥胖、身体形象方面有共同语言。

除了不能直接评价女儿的胖瘦以外，父母还要注意自身行为对女儿的影响。如果父母特别在意自己的胖瘦，无形中就会向女儿传递"胖不好，瘦才好"的信息，导致女儿把父母的胖瘦观、审美观内化为自己的观点，当青春期体内脂肪迅速增加以后，她们就会很自然地选择节食减肥。

当然，父母也不能用胖瘦去评价其他人。当父母用胖瘦评价其他人时，其评价所隐含的审美观很容易被女儿识别出来，并自动用这种评价来评价自己，得出父母喜欢不喜欢自己的胖瘦的结论。

父母是女儿生命中最为重要的人，在青春期更是如此。

👉 发现女孩之五：心理早熟的女孩

英国学者Geoff Harman对女孩的心理早熟提供了量化结论[47]：在11岁时，女生口语能力、读写能力和计算能力的发育水平分别比男生早11个月、12个月和6个月。

女孩在自制力和言语两个方面的领先表现尤为明显。

一、自制力领先

与男孩相比，女孩大脑中控制冲动的区域——大脑额叶发育得更快一些，所以，小女孩往往能安安静静地坐在教室里听课，她们更容易遵守纪律和老师的命令要求。性别差异领域的著名专家埃莉诺·麦科比曾作过统计[48]，在医院的候诊室里，有远远多于女孩的男孩伸手触摸父母告诫不要动的东西，父亲对男孩说"不"和"住手"的比率是女孩的两倍。

二、言语领先

女孩获得语言、发展言语技能的年龄较男孩更早，女孩通常比男孩更早开始说话，其中一个重要原因就是女孩大脑额叶与颞叶中的布洛卡区和韦尔尼克区（大脑中主要的语言中枢）比男孩发育得更早。因此，有研究表明[49]，10个月大的女孩有半数能说出3个单词，而10个月大的男孩有半数只能说出1个单词。到16个月大时，半数的女孩可以说56个单词，而半数的男孩只能说出28个单词。除了语词数量上的优势以外，女孩在发音的准确性和流畅性上也优于男孩。

当然，大脑发育更早并不是女孩善于运用语言的惟一原因，父母和其他照顾者也扮演着重要角色。心理学研究发现，在照料婴儿的过程中，父母通常更多地与女儿说话，也更可能以自己没有察觉的微妙方式鼓励女孩更多地说话。

六　异性交往缺乏制造"剩女"

优秀女孩缘何成了"剩女"?

有这样一位女性朋友,今年32岁了,身高相貌至少中上,硕士毕业好几年了,工作也很稳定,收入也挺不错的,只是平时很忙,周末有时需要加班,她目前还是孑然一身。

我们曾经都为她感到着急,但也没帮得上什么实质性的忙。

她出生在一个并不算偏僻的乡镇,父母都是镇里的普通工作人员,家里不穷也不富,算是小康之家。在她父母看来,她从小非常聪明,从小学到中学,考试成绩几乎没出过前五名。她是个让人比较省心的孩子。

到了初三时,同班的一位男同学给她写过纸条,碰巧被窗外经过的班主任老师逮了个正着。班主任没有声张,只是悄悄地把这件事情告诉了她的父母,班主任跟她的父母是小学同学。在那个几千人的乡政府驻地,人们好像都相互认识,不是亲戚,就是同学朋友……

父母知道了,非常慌张,尤其是妈妈,紧张得不行。那天女儿放学一脚刚迈进家门,父母就开始"三堂会审"。她不停地向父母解释她是无辜的,她也没有办法不让男生给她递纸条,结果越描越黑……母亲不信，一直追问：为什么那个男生不给其他女生递纸条。父母给她讲了一堆大道理：什么学业为重，女孩子要自重，还说了男孩甚至男人的许多坏话，好像男人都是用下半身思考的动物……

自此之后，父母开始了长期盯防，时时处处紧盯着她，要求她按时回家，回家晚了一会儿父母都要问长问短。要是不幸被父母发现她跟哪个男生说话，哪怕是一句话，母亲也会问上半天，或者直截了当，或者拐弯抹角。电话更是被妈妈控制得死死的，妈妈一听到电话是找她的，如果是男同学，必定躲在门后监听。对妈妈，她防不胜防，她的日记几乎都逃不过妈妈的眼睛。

为了打消妈妈的疑虑，她做得很绝，一个男生也不交往，连话都很少说。

如父母所愿，她考上了北京的一所大学。在离开家乡的时候，父母又开始了说教的工作：大意是现在的工作不好找，只读本科是不行了，一定要读研究生，最好读到博士后。他们话里有话，她听得很明白，希望她安心学习，不要恋爱，因为父母说了：大学生恋爱没有什么好结果，没有几个成功的，白搭上感情、时间还有父母的血汗钱。

大学本科四年转瞬即逝，她专心学业，有几次恋爱的机会，最终都被她狠心地放弃了。她成功地考上了北京一所名牌大学的研究生。她学的是工科，工科硕士生学业很忙，几次短暂恋爱无疾而终以后，她毕业了。

毕业后，她进了一家IT公司，虽然不是软件研发，但也挺辛苦的。她已经28岁了，心里有点着急：自己的另一半在哪里呢？她的父母比她更急，眼看着女儿快奔30了，他们像热锅上的蚂蚁……他们打听遍了所有能打听到的在北京工作的亲戚朋友……每年春节回家，他们都会问：怎么样了？有男朋友了吗？

他们等着抱外孙呢！他们恨不得能变魔术似的变出一个女婿来。看到网络上有租男友回家的事情，她说也曾有过这种想法。

她有些着急，好像又不太着急，总是说随缘吧，但缘在哪里呢，谁也不知道。她有时会去公园参加相亲活动，但一到那里，她说感觉自己到了一个交易市场，像她这样的女性，是"卖"不出什么"好价钱"的。试着交往过几个男青年，没几次就没有下文，他们没能入她的法眼。她曾经很动心地想追求一个看得上眼的男士，最后却伤心地得知，人家已经"名花有主"，成了孩他爸了。

她的生活好像很自由，她自嘲：一个人吃饱了，一家人不饿，每年的11月11号"光棍节"，她也会像模像样地庆祝一番。闲暇时，她喜欢与同龄女性一起逛逛街，小资一把，有时在酒吧里面"放肆"一下，同病相怜的"剩女"们一起嬉笑怒骂那些没有眼光的男人们……

她曾经有点自我安慰地说，她这样的单身女性并不少见，有些女博士"白天愁论文，晚上愁嫁人"。但是她心里的苦闷我们能看得出，在生病的时候，她是那么的柔弱无助……其实，她心里非常希望能有一个"他"，她在等待她的"真命天子"。

不知不觉，她已经32岁了……

我们这位朋友，在北京以前被称作"北大慌"——"北京市的大龄且心慌慌的单身待嫁女性们"，现在又有一个新名字"剩女"——那些适婚、单身、愿嫁的大龄女性。有人笼统地将"剩女"用3S表示——Single（单身）、Seventies（大都在70年代出生）、Stuck（婚恋卡住了、卡壳了）。

"剩女"可是一个蔚为壮观的庞大群体，据中国新闻社报道，北京就有超过50万名年轻女性属于"剩女"。2004年，天津社科院的一项调查显示，天津市近50万未婚成年人中，女性占了六成以上。2009年中国人婚恋状况调查报告显示：41.2%的单身女性"怕自己嫁不出去"，而只有

8.1%的男性"担心自己娶不着老婆"。当今中国，男性比例远远高于女性，整个社会有几千万男光棍。在这种情况下，仍有这么高比例单身女性担心自己嫁不出去，这有些不正常，实在是一件让人费思量的事情。

知识链接：中国的人口性别比例失调

※　全国第五次人口普查资料显示，目前全国男女出生性别比为116.9∶100。全国有5个省的出生人口性别比甚至高达130∶100以上。海南省出生婴儿男女性别比为135.64∶100，居全国最高水平。

※　2007年，中国男性已经比女性多出3700万，其中，0—15岁的男性比女性多出1800万。有专家测算：20世纪90年代出生的人口在达到婚龄时，将会有10%的男性被挤出婚姻领域不能成婚。

※　据推算，按照如今的婴幼儿性别比例，到2020年，中国处于婚龄的男性人数将比女性多出3000万到4000万，这意味着平均5个男性中将有一个找不到配偶。

女人是天生的交际专家。从心理学角度来看，女孩从小对人际关系就比男孩更加敏感，女孩的情感发展得更好也更迅速。但是，这些天生的交际专家、情感专家，如今为什么有这么多在走进婚姻的路上遇到障碍呢？

对于这个问题，一百个人有一百个不同的答案。社会学家们从社会学角度给出了答案：中国人的择偶习惯——梯度择偶，通俗地讲，就是"娶妻一定要不如吾家，嫁女一定要胜似吾家"传统习俗。社会学家李银河对此的解释是：在婚姻市场上，男人往下找，女人往上找，甲男找乙女，乙男找丙女，丙男找丁女，于是剩下来的就是甲女和丁男，俗称"甲女丁男"现象。这些因素客观存在，女性的选择也无可厚非。毕竟，当今女性的生活模式已经变得非常多元。在二十几岁结婚并成为一个母亲的传统女性行为逐渐减少，越来越多的女性有了不同的选择。她们可以先选择事业再结婚生子，也可以先结婚生子再选择事业，能够拥有选择的自由是女性解放的重大进步。值得思考的是，女性在她所选择的生活模式中，是否体验到了幸福，她们的生活是发生了积极的变化还是消极的变化，她们的满意度是升高了还是降低了。今天"剩女"问题之所以引人关注，是因为大多数剩女对她们目前的单身状态并不满意，她们急于终结这种生活状态，却不知何去何从。

从个体终身发展的角度来讲，与他人建立和保持亲密的情感关系，是成年初期重要的发展任务。对于大多数处于二三十岁的女性来说，与他人建立亲密关系是当务之急。这一时期的幸福在一定程度上源于她们的亲密关系。为什么有些女性在亲密关系的建立上显得如此困难，她们在情感发展上是否遇到了某种阻碍？又该如何突破这些阻碍，从而使女性在追求事业和个人发展的同时，又能拥有幸福的情感关系和家庭生活？

青春期异性交往遭到严重限制

从前面我们这位女性朋友的经历看，她在青少年时期几乎没有与异性交往的经历，我们很难说她对男性究竟有多少真实的了解，她对男性的期待又有多少是合乎实际的。下面就是网络上流传的一些剩女们的所谓标准：

♀ 一个男人要浪漫、幽默、性感、有魅力，同时又要对我之外的其他女人完全绝缘。

♀ 一个男人要事业有成占据高位，同时又不能太忙，要常常在家陪我看电视。

♀ 一个男人要听话、恋家、会做家务，同时又要有远见卓识、有魄力、能被依赖。

她们只有一些关于"完美男人"的条条框框，对身边的男性却完全缺乏真正的了解，不知道他们的个性脾气，不了解他们的兴趣爱好，更不知该如何与他们交往相处。2009年中国人婚恋状况调查报告显示，在单身女性中，有17.6%的人没谈过恋爱，31.1%只谈过一次恋爱，23.2%"不知道如何与异性相处"。

青春期是一个人发展亲密关系的尤为重要的时期，因为许多在成年期构建亲密关系所需的能力和才能，都是在青春期逐渐获得的。像我们的那位朋友，完全没有机会发展与异性交往的能力，在父母的严密监管和不当教育下，她所能采取的惟一行动就是逃避，逃避一切与异性的接触。她所遭遇的状况在今天的家庭教育中也相当普遍，很多父母对女儿与异性交往心存恐惧。

在青春期到来之前，孩子们的交往具有明显的性别倾向性，女孩通常只与女孩交朋友，男孩也通常只与男孩交朋友，男孩与女孩有着不同的兴趣，参与不同的活动。但是，随着青春期的到来，男孩和女孩对彼此的兴趣逐渐萌发，彼此之间的吸引力与日俱增。这是再自然不过的现象，但是，父母和老师却往往视之为"洪水猛兽"，想尽各种办法来压制异性之间的交往，甚至对女儿日记里流露的想法都横加干涉[50]：

> 有一位姓王的女生，她偷偷喜欢上了一个同班的男生，在日记里写满了充满幻想的话语，诸如"我很想你，很爱你，我真想拥抱你，我想牵牵你的手"等。日记无意中被她的母亲发现了，当时父母感到如临大敌，于是父母找到老师寻找对策，他们都以为自己的女儿早恋了，就耐心地给女儿做工作，要求她断绝与那个男孩来往，还请班主任监督，女孩怎么解释也消除不了父母和老师对她的不信任。这件事本来是女孩内心的幻想和秘密，却被父母、老师看成是既成事实，这样就严重地伤

害了这位女学生的自尊心和自信心，伤害了她的感情……她自己也觉得自己做了不可饶恕的错事。从此，这个女生变得沉默寡言，与父母和老师产生严重的对立和逆反情绪。

家中有女初长成，许多父母就会担心得不得了，尤其是母亲会对女儿严加看管，翻看日记、偷听电话、私拆信件、限制外出等等。一旦男生打电话，父母总会借故问东问西。如果有男生上门拜访，那更是不得了的事情。

父母限制女儿与异性交往，一个重要原因是为了防止女儿陷入早恋，因此，他们往往会对早恋的现象过度诋毁，对早恋的女孩表现出不屑的态度。女孩如果有恋爱的想法或表现出性方面的吸引力，会被认为是很不好的事情，这种观念会给女孩的异性交往带来焦虑和紧张，反倒更难以发展普通朋友式的异性交往。

中国父母限制女儿与异性交往的另外一个重要原因则是担心影响女儿学习。一项调查显示，23.3%的父母认为异性交往对学习"有影响"，39.5%的父母认为异性交往对学习"有一些影响"。这背后隐藏的观念是，学业第一，同伴交往特别是异性交往是不重要的事情，也就是说情感远不如学业重要。这种观念对许多女孩的影响是深远的，即便长大成人之后，她们也会认为事业远比情感重要，情感不值得投入太多的时间和精力，交男朋友就是浪费时间。

知识链接：对异性交往的8大偏见和误解

※ 北京大学心理系的彭泗清博士认为，当代父母和教师对中学生的异性交往存在8大偏见和误解[51]：

（1）学生的主要任务是读书，与异性交往是长大以后的事；

（2）中学生还不成熟，不懂事，不具备与异性交往的条件；

（3）与异性交往会分散精力；

（4）与异性交往很容易发展为"早恋"，中学生容易犯错误；

（5）中学生谈恋爱成功率很低，中学生与异性交往没有什么好处；

（6）与异性交往是少数学生的行为，"好学生"不应该仿效；

（7）如何处理异性关系不需要别人指导，到时自然就会；

（8）如何处理异性关系不属于教育范围，教师对此没有责任。

对于今天的年轻人来说，青春期异性之间非恋爱的朋友关系是很稀松平常的事情。心理学家认为，青少年异性交往的积极影响可以归为8个方面[52]：（1）带来稳定感；（2）度过快乐的时光；（3）获得与别人友好相处的经验；（4）发展宽容大度和人际理解力；（5）获得掌握社会技能的机会；（6）获得批评他人和受到他人批评的机会；（7）提供了解异性的经验；（8）培养诚实的道德观。日本大阪教育大学的一项调查还特意调查了女初中生对异性交往的积极看法，结果显示[53]：（1）增加对异性的了解；（2）感到快乐；（3）可以谈论和女孩无法交谈的事情，可以听到和女孩不同的意见；（4）学习上得到帮助；（5）可以更加了解自己；（6）会对什么事情都感到美好。

过早地（十五六岁之前）开始恋爱的确对女孩有一些不利之处，比如限制了她与其他同龄人的交往以及参加集体活动，但心理学的研究发现，那些从未约会过的青春期少女会可能表现出一些社会性发展迟滞和过度依赖父母的征兆，而且会体验到不安全感。因此，对于父母来说，恰当地引导而非简单地限制变得非常重要。

父亲是女儿了解异性的重要途径

通常我们更为关注父亲对男孩的影响，但其实父亲对女孩的成长，尤其对女孩性别角色的形成与塑造也非常重要。心理学理论认为，父亲为女孩提供了一种男性的榜样和行为模式，女孩往往从父亲身上的男性品质上寻找未来生活的参照，青春期的女孩甚至会把父亲看做未来丈夫的模式。研究爱情的心理学家认为，女孩在寻找恋爱对象时，她们会有意识无意识地寻找那些与父亲相像的异性。美国父亲角色研究的专家罗斯·派克认为：由于父亲往往以更加鲜明的、更加差异化的方式与女儿互动，父亲在孩子的性别角色发展中比母亲起着更为关键的作用。父教缺失可能对女孩的性别角色形成造成混乱。

父教有助于提高女孩的交往能力。心理学家们发现，5个月大的婴儿如果与父亲有较多的接触，当他被陌生人围绕时会有较好的适应性，他们更不怕生，对陌生人会有更多的言语回应，也更愿意让陌生人抱。另外一项跟踪研究指出，那些5岁时有父亲陪伴、且受到父亲照料的小孩，比5岁时就缺乏父爱的孩子，长大后更具同情心、有更好的人际关系。

对女孩来说，父亲往往是她认识的第一个男性，是她了解异性、发展异性交往技能的重要途径。心理学理论指出：父亲在帮助女孩学习与男性打交道方面较为重要，并获得研究证实。学者赫塞林顿比较了两组女孩，一组是与父母生活在一起的女孩，另外一组是只与母亲生活在一起的女孩，结果发现，在与男性打交道方面，那些只与母亲生活在一起的女孩，面对男性时表现出更多的焦虑。心理学家罗斯·派克认为：父亲对女儿的影响并不在童年时期就宣告结束，甚至到了青少年时期和成年时期，女儿与男性的关系也较多地受到她与父亲早期关系的影响。对人对事抱冷漠的、不参与的或敌对态度的父亲，应对女儿形成异性关系时产生的问题负有责任。

不幸的是，在今天的中国家庭中，父教缺失的现象非常严重。很多父亲忙于工作和事业，早出晚归，较少参与到孩子的成长与教育中。

2009年，新浪网的调查显示，在1988名被调查者中，60.7%认为"现在的孩子缺失父教"，26.3%认为"觉得不好说"，仅13.0%认为"父教并不缺失"。在对"在你的成长过程中，谁承担了更多教育责任？"的回答中，46.9%选择了母亲，28.7%表示"父母均担"，11.4%选择其他，仅有13.0%表示是父亲。身为这些父亲的女儿，她们被剥夺了了解异性的重要渠道，她们对异性的想象与期待、与异性相处的方式不可能不受到影响。

知识链接：父亲的独特之处

※ 一只鸟两只翅膀，一个人两条腿，母爱和父爱缺一不可、无法替代。美国《父母》杂志总结父亲的9条独特之处：

1. 父亲跟母亲是不同的；

2. 父亲更爱与孩子玩闹；

3. 父亲对孩子的推动作用更大；

4. 父亲使用的语言更复杂；

5. 父亲对孩子的约束更多；

6. 父亲使孩子更社会化，为他走进现实世界做准备；

7. 介绍男人在现实生活中的作用和行为；

8. 父亲支持妻子；

9. 父亲更会帮助孩子发挥潜能。

促进女孩亲密关系的发展——拯救女孩的五个建议

建议一：及时为女儿提供她所需要的照料和情感支持

越来越多的证据表明：个体成年后的恋爱关系可能受到婴儿期依恋类型的影响。依恋是婴儿和特定的照顾者之间发展起来的积极的情感联结。大部分婴儿的依恋类型可以划分为以下三种：

安全型依恋——婴儿和照顾者之间是健康、积极、信任的依恋关系；

回避型依恋——婴儿与照顾者之间的关系比较冷淡，并避免与照顾者进行交互；

矛盾型依恋——婴儿在和照顾者分离时表现出巨大的痛苦，但当照顾者回来后，又对其非常生气。

心理学家的研究发现，依恋类型在成年以后会继续发展，并且影响个体的恋爱关系。观察我们身边的人就会发现，有些人很易于与他人接近，容易信赖对方，也获得对方的信任，很少担心被爱的人离弃，或跟他人过于接近而感到不舒服；有的人在跟他人接近时会觉得不自在，很难完全信任别人，当别人过于亲近时会觉得紧张；还有些人觉得别人都不愿意跟自己接近，常常担心别人不是真的爱自己或想和自己在一起，有时他们又想完完全全融入另一个人，但这往往会把人吓跑。

总的来说，安全型依恋的人更加容易跟别人建立亲密关系，并从中获得快乐；回避型依恋的人往往在亲密关系中投入较少，容易与恋人分手，常常会觉得孤单寂寞；而矛盾型依恋的人通常在亲密关系中投入过多，会反复和同一个恋人分分合合，而且往往自尊水平较低。

婴儿与父母依恋关系的质量在很大程度上取决于她们所受到的照顾。心理学研究发现，能和自己的婴儿形成安全依恋的母亲，其抚养方式具有以下特点：

表3 安全依恋的特征

特征	描述
敏感	对婴儿的信号能迅速做出正确反应
积极态度	对婴儿表现出积极的关心和爱
同步性	与婴儿建立默契、双向的交往
共同性	在交往中婴儿和母亲注意同一件事
支持	对婴儿的活动给予密切的注意和情感支持
刺激	常常引导婴儿的行为

拯救女孩

如果母亲对婴儿有积极的态度，敏感地回应她的需要，与她建立了互动的同步性，为她提供许多愉快的刺激和情感支持，婴儿就很可能会形成安全型依恋。反之，如果母亲对自己的婴儿缺乏耐心，对她发出的信号反应不积极，并常对她表现出消极感受，或者依照自己的情绪时而对婴儿无微不至时而又极为冷漠，那么就有可能使婴儿表现出回避型的依恋。

为了女儿将来获得健康的情感和家庭生活，在她很小的时候，父母就要特别关注她的需要，给她及时的照顾，帮助她形成安全的依恋关系。

建议二：让异性交往成为一种美好经历

让女孩的异性交往成为一种美好经历，父母有引导的责任。儿童青少年时期的异性交往经验往往会影响到成年后的异性交往。北京大学精神卫生研究所闫俊博士曾提到这样一个案例：

> 有一个女孩在年龄很小的时候，并不懂得男女之间交往的事情，男孩塞给她一些好吃的，她不太顾忌就吃了。其实，这是很正常的交往行为。但是女孩的妈妈就说：男孩子给的东西是不干净的，男人给的食品你随便吃，这是很严重的错误，你的品格有问题。女孩在受到这种评价后就认为：原来我接受男生的这些东西，就代表我是不好的，我就不贞洁了。
>
> 这个妈妈会有这样的观点，与其自身的经历可能有关。不过这种观点通过这种方式传递给女儿后，使女儿失去了跟异性进一步接触的机会和意愿。儿童对事件的解释是与大人的态度高度相关的，女儿由此形成了对异性交往的偏差，所以她长大后始终不敢跟男孩子接触，这个阴影一直在影响着她。

闫俊博士认为，如果父母对孩子的异性交往给予负性评价，就有可能使孩子对异性交往形成消极的记忆，这种消极记忆会影响到孩子以后跟异性交往的情况。女孩的父母在教育女孩自我保护的同时，应该想方设法为女孩创造异性交往的机会：

♀ 在自己居家附近的社区里，让女孩跟男孩一起玩一些都感兴趣的游戏。

♀ 邻居就是一个很好的资源，现在独生子女很多，邻居的孩子可能也需要一个伴，孩子可以轮流"拼养"。

♀ 在朋友或亲戚聚会时，把各家的孩子都带上，孩子们最好和大人分开，大人一个群体，男孩女孩一个群体，让他们自主选择喜欢的活动。

这样会使女孩对异性有直观的经验性的了解，这对她以后的恋爱和婚姻都是大有裨益的。

需要特别注意的是，对于青春期女孩，千万不要给正常的异性交往扣上"早恋"的帽子，给正常的异性交往蒙上阴影。

建议三：培养与异性交往的能力

世界是由男性和女性组成的，异性交往是我们人际交往的一个非常重要的方面，异性交往能力也是一种非常重要的社交能力，它是需要培养的。

青春期是异性交往的关键时期。曾任《中国青年报》"青春热线"督导的龙迪博士长期接触青春期少男少女，她给出了两点很好的建议——群体交往和浅交：

一是群体交往。最好多参加有男女生同时参加的群体活动。由于同时与几个异性交往，他们可能不像面对某个异性那么紧张、羞怯，更容易自然地表达自己，这样有助于培养自己以平常心与异性相处。另外，在群体活动中，一个孩子会更有机会了解不同的异性，因为一个人在群体中的表现比他（她）在某个异性面前的表现更为真实。如果经常只和一位异性在一起，实际上失去了了解其他异性的机会。

二是浅交。不要一下子与某个异性确定很深的个人关系。青春期少男少女之间的好感很容易变化。常常是随着了解的加深，原来在他们眼中颇有好感的男孩或女孩变得不那么可爱了。如果没有经过深入的了解就将两个人的关系定性为恋爱，当感情发生变化时会给双方带来不必要的伤害和麻烦。与多个异性保持平等、广泛的交往有助于给两个人的关系的发展留下一些余地。不要刻意给两个人的关系贴上标签。任友情在岁月的长河中自由地流淌，看看五年十年后彼此是否依然相互倾慕，那时再决定对方是否就是自己的惟一。在这五年十年的时间里，你尽可以让自己自由地发展。

在幼儿园和小学时期，父母要根据独生子女缺少玩伴的特点，学会"以群制独"，创造机会让女孩与男孩在一起活动、游戏、玩耍，如几个家庭一起去郊外游玩、爬山、参观博物馆等等。在此过程中，父母们可以放手，让男孩女孩自由交往，如果发生了冲突，鼓励他们自行解决，让男孩女孩自然地去体验性别差异的存在。

在我（孙云晓）女儿14岁时，我们一家约了另一个有男孩子的朋友一家一起走三峡。这种经历可以给女儿一个新的视角，让她看到一个男孩子的生活，一种非常阳刚、非常顽强的生活状态。在旅途中，两个孩子玩得很开心，一向不喜欢运动的女儿，参加运动的时间也多了起来。

建议四：发挥父教的独特价值

父亲对女儿的影响是巨大的，但这影响是正面的还是负面的，取决于每一位父亲的作为。父亲既有可能指引女儿，给她一个有责任感的、坚强的男子汉榜样，使她对男性持有健康的认识，也可能误导女儿，使她在与男性相处时迷惘困惑，不知所措。

作为异性，父亲是女儿了解异性的第一个渠道，也可能是最重要的渠道。父教在女儿的成长过程中一定要发挥其独特价值，帮助她了解异性、欣赏异性。从婴儿时期开始，父亲就应该多花一些时间陪孩子游戏、玩耍。父亲要带女儿去领略男性的世界，一起从事体育运动、户外运动等等。在这些活动过程中，女孩会以一个女性的视角去认知异性，男性的特点会很自然地印刻在女孩的脑海中。父亲当然可以直接告诉她一些有关男性的知识与事实，如对待同一件事情，男性会怎么想，女性又会怎么想。父亲这样的做法，无疑将有助于女孩对异性的了解，学会用欣赏的眼光去看待一个不一样的异性世界，这将有助于她将来的情感、恋爱与婚姻。

还有，父亲往往比母亲更尊重女儿的隐私，比如，当女儿到达青春期的时候，父亲更有可能在进入女儿的卧室之前先敲门，母亲则较少敲门而径直进入女儿的卧室。

发挥父教的独特价值，父亲应做的事情很多：

♀ 每天下班后，父亲可以多陪女儿聊聊天，了解女儿的生活与学习。聊天时，父亲应避免说教，多倾听女儿的感受，多给予包容与理解。

♀ 与女儿一起去运动。散步、快走、跑步……都是很好的运动方式。父亲可以与女儿一起进行各种球类运动。当然，父亲与女儿可以去看各种比赛，足球、篮球、排球等等。这些活动既能增进父女之间的情感联系，又能增进女儿对男性运动天性的了解。

♀ 父亲还可以与女孩探讨一些社会问题，帮助女孩了解不同的性别视角。

建议五：母亲要学会"放手"

手握一把沙子，我们攥得越紧，沙子流失得越快，心里越怕失去它，就越容易失去它。养育女孩，也是这个道理，母亲控制得越紧，就越容易失去对女儿的影响力。

女孩需要来自母亲的足够的关爱，但这种关爱不要过度，不要发展成为母女之间的过度依恋而纠缠不清，因为女孩有可能因为过度依恋母亲而不愿去探索新的亲密关系，她可能习惯于母亲营造的家庭"安乐窝"，从而失去了情感独立的动力。因此，母亲在养育女儿过程中要给予女孩足够的时间与发展空间，让她有机会、有意愿去发展各种人际关系。

母亲要鼓励女孩与异性的交往，最好能创造机会，有几个小男孩和小女孩一起游戏、玩耍，让女孩从小就很自然地接近异性、了解异性，认识一个不一样的男性世界。

"放手"的母亲还要敢于把女孩交给丈夫，让丈夫以男性特有的方式去教育女孩。

📌 发现女孩之六：更有韧性的女孩

与男性相比，女性是个更有韧性的性别，成年女性的生命力也更顽强。

在胎儿时期，女性胎儿的成活率就更高。在发育过程中，男孩出现发育失调症状的几率要比女孩高3—4倍[54]，男孩对各种危险以及疾病的不良影响更为敏感，更容易受到伤害。儿童和青少年时期，在常见心理疾病方面，女孩的发病率远远低于男孩。

女孩在常见心理疾病方面的发病率远低于男孩。在多动症方面，美国心理学会（APA）2000年的权威数据指出[55]：多动症的男女比例为2∶1—9∶1。国内有学者指出：男孩与女孩患多动症的比率为4∶1—9∶1[56]。在自闭症方面，国外学者指出其发病率男女比例为3∶1—4∶1[57]。在学习障碍方面，美国教育部1988年的统计数字显示，男生为女生的2.6倍之多。我国学者认为，男孩与女孩患学习障碍的比例可能在2∶1—6∶1之间，其中，在最为普遍的阅读障碍上，患有严重阅读障碍的男孩是女孩的3倍多[58]。在智力障碍方面，男女发病率比例为1.5∶1—1.8∶1。

在各种成瘾行为上，女孩的发生率也远远低于男孩。在网络成瘾方面，2008年，中国青少年网络协会发布的《中国青少年网瘾数据报告（2007）》指出：男性青少年比女性青少年更易于沉溺于网络。男性青少年网民上网成瘾比例为13.29%，女性为6.11%，男性约比女性高出7.18个百分点；在网瘾青少年中，男性比例达68.64%，远远高于女性的31.36%。在吸烟、酗酒、吸毒等成瘾行为上，女孩的发生率均远远低于男孩。

对于女孩生命力更具韧性的原因，有学者从进化角度进行了论述：男性的Y染色体比X染色体更脆弱，Y染色体本身比女性的X染色体更不稳定，更容易发生基因变异，其发生病变的可能性是女性染色体细胞的10—15倍。Y染色体弱小而萎缩，仅有大约78个基因，而X染色体（女性染色体）上有1098个基因。而且，由于Y染色体形单影只，它没有机会与其他任何染色体结合，不能利用有性生殖提供的机遇与其他染色体交换DNA，Y染色体也无法自行修复基因变异带来的损伤。

七　女孩的独立性发展易受阻碍

女孩的独立性发展不容乐观

"富养女"与"拜金女"

　　据报道：武汉一位女孩即将小学毕业时，妈妈送上一只价值近2万元的路易威登（LV）手包作为女儿的毕业礼物。这位妈妈表示："希望女儿能从小见世面，将来气质高雅。现在不也提倡富养女儿吗？"

　　许多父母认为："从来富贵多淑女，自古纨绔少伟男。"我们认为：如果是文化层次的富养，无可厚非，但如果是物质层次的"富养"，那么极有可能富养出来一个物质主义、拜金主义的女孩。

　　大家还记得那个"拜金女"马诺，在一档征婚电视节目中，她语出惊人："我宁愿坐在宝马车里哭，也不愿坐在自行车上笑。"她是怎么样被培养出来的？如果是自己赚钱坐宝马，那倒也无所谓，关键是她希望找一个超级有钱的老公，借此去实现自己"坐宝马"的梦想，这是不是一种不劳而获的"寄生"心理？

把幸福寄托于他人，是最不保险的做法

　　让人担心的是，有"拜金女"这样想法的女孩还不少。在一些女大

学生中正流传着这样一种说法：考得好不如长得好，工作好不如嫁得好。许多有这种想法的女孩希望能凭自己的青春与外貌钓得"金龟婿"，找一个有钱老公以解决"长期饭票"。她们认为：嫁一个有钱老公就等于购买了一份终生保险，一劳永逸而无后顾之忧。

其实，把自己的前途与幸福寄托于另外一个人身上是一种最不保险的做法，其深层次反映的是这些女孩独立人格的欠缺。

在21世纪这个女性独立的世纪，还有如此想法，不免让人担忧，因为女孩的独立性本来就不够强大，女孩本来就更容易顺从。

为何女孩更易顺从？

心理学家劳拉·贝克认为，从学龄前期开始，女孩就比男孩更容易顺从成人或同伴的命令，女孩也往往更为频繁地向成人寻求各种帮助，在人格测验中，女孩的依赖性得分也更高。

女性比男性更容易从众，与男性相比，女性更容易顺从于社会压力。下面就是两个有关女孩顺从及独立性的心理学实验：

美国心理学家威特金等人曾经做过一系列的"框棒实验"。实验研究结果表明：与男性相比，更多的女性属于"场依存性"，依赖周围的信息参照进行信息加工。场独立性强的人，独立性也强，不容易受他人暗示。场依存性强的人，独立性差，容易受到他人的暗示。

心理学家凯瑟琳·亚当斯和奥德丽·兰德斯以大学生为被试的实验表明：在面对不同意见时，男生平均顶住约9个不同意见，而女生平均顶住6个。研究者据此认为男性比女性更有支配性，在不同意见面前更有可能坚持自己的意见。

女孩更容易从成人的视角看问题

从学前期开始，女孩对于父母、教师和其他权威者的要求，比男孩更为顺从，也更容易出现"告密"行为。美国研究人员曾调查了20个由学生策划的未遂校园枪击案的案例[59]。其中有18个案例都是知悉此事的女孩提前报告了校方或其他成年人。对此，研究者总结说：男孩首先忠诚于其他男孩，女孩则从成人的视角看形势。美国一些心理机构的调查发现，女生能够更好地理解教师的意图，更好地配合、服从。心理学博士里奥纳多·萨克斯认为，女孩更顺从，是因为她们喜欢和大人拥有同样的目标和价值观。

女孩更容易服从，这种品质无疑会影响到女孩独立性的发展。心理学家、社会学家以及研究女性的学者大都认为女孩的服从是后天环境塑造的结果，家庭教育和学校教育在其中扮演着重要角色。

对母亲的过度依恋阻碍女孩独立

在教养孩子方面，母亲是生养育一体的。母亲往往把女儿看做自己的延伸。作为女性，母女之间存在许多一致性，这一方面给女孩带来好处——母亲是发展的榜样和模板，但如果母女关系过于亲密，女孩对母亲的依恋过度、纠缠不清，就会威胁到女孩独立性的发展。

母女关系过于亲密会阻碍女孩独立性的发展，在2010年7月23日的《解放周末·女性》刊登的《恋母的女孩长不大》一文中，学者们给出了以下的解释：对于为什么有些女性在心理上如此依赖母亲？南希·弗莱迪认为：

> 女性成年后对母亲的依恋可追溯到童年时期所接受的信息。她认为：对于小男孩来说，这个世界是敞开的。他们接触真实的世界，从中所获得的人生体验、实践经验使他们能够更加豁达地面对人生的变数，从容地面对被人拒绝的尴尬。女孩则从小就被过度保护，被当成温室里的花朵，受到小心的呵护，根本没有机会接触真实的世界。

即使是结婚以后，女性与母亲保持过于亲密的关系很可能会给婚姻带来麻烦。心理学家特里·阿普特认为：

> 过分依赖母亲的女性，往往没有主见——她们不愿住得离母亲太远，时刻牵挂着母亲的喜或忧，凡事都要让母亲替自己拿主意。她们脑海中经常出现母亲的声音，母亲如何对自己的一言一行、一举一动评头论足。

对母亲的过度依恋会严重压缩女孩独立的时间与空间，进而影响到女孩的独立精神。与男孩相比，女孩需要更大的勇气去克服对母亲的过度依恋。

父教缺失阻碍女孩独立性

父教缺失是指孩子在成长过程中很少得到父爱或父亲在子女教育中参与很少，甚至孩子没有得到父爱或父亲没有参与子女教育的状况。

当代中国社会是一个父教严重缺失的社会。对天津市9个区县1054人的调查显示：在一半以上的家庭存在子女教育父亲"缺位"的情况，母亲是子女教育的绝对主角。对吉林省长春市年龄为3—13岁儿童的父母共360人的调查发现：在小学儿童中，有9%的父亲称每天陪伴孩子的时间为零，有22.2%的父亲称每天最多只有1小时的时间能陪伴孩子。

父教缺失对女孩独立性的发展具有消极影响。著名女性心理学家卡罗尔·吉利根认为，男女两性与他人的联系方式截然不同，女性往往侧重于联系，男性往往侧重于分离。父亲往往鼓励孩子的自由探索，而母亲往往倾向于过度保护。作为男性，父亲更容易鼓励孩子的自主，这已获研究证实。对以色列12—16岁青少年的研究发现，在青少年时期，父亲会比母亲提供更多的自主性支持，父亲的角色可以促进青少年独立性的发展，挣脱原生家庭的束缚。还有研究发现：父亲本人也认为自己要比母亲更能鼓励孩子的独立性。

在心理学上，父亲被看做孩子挣脱母亲怀抱的关键力量，父亲是孩子走向外部世界的桥梁，父亲的存在与鼓励是孩子独立性发展的基础，对男孩女孩都是如此。

应试教育削弱了女孩的独立性

在《拯救男孩》一书中，我们提出了这样一个观点：应试教育对男孩更不利。由于女孩顺从、听话、安静等品质更为适合应试教育的需要，女生也更容易忍受应试教育的诸多弊端。近些年来，女生成绩异军突起，不管是中小学，还是大学，女孩成绩均优于男生，女生的听话、服从是重要原因。

今天我们认识到女孩也是应试教育的受害者，应试教育进一步强化了她们的顺从意识，扼制了女孩独立精神的发展：

第一，在教育评价上，应试教育把听话、顺从、绝对服从作为主要评价标准，这不可避免地强化了女孩的顺从。

第二，在考试评价上，应试教育强调标准答案，几乎把考试成绩作为惟一的评价指标，这不利于女孩独立性的发展。

第三，在教学方式上，应试教育是被动的，其教学是填鸭式的灌输教育，把孩子看做一个个等待填满的容器，教师占据权威、主导地位，不鼓励学生的质疑与独立思考，要求学生极端服从，不尊重学生的主体地位。

第四，应试教育所导致的课业负担过重，使女孩把大多数时间都用于学业，把女孩的身体局限于课堂与课本。

应试教育严重限制了女孩独立行动、探索的时间和空间，扼杀了她们本来就很珍贵的独立意识和精神。中国的应试教育，进一步弱化了女孩的独立思考能力。

知识链接：教科书与女性形象

※　1975年，美国一个名为"语言和图画中的妇女"的研究小组分析了16家出版社的134本小学教科书中的2760个故事，结果发现关于男性的故事比关于女性的故事多出4倍。而且，故事中的女性多出现在家里，她们的行为多表现为被动、害怕和退缩等，男性则往往表现为富有支配性和冒险倾向[60]。我国研究者佐斌对人民教育出版社出版的小学语文课文的研究分析发现[61]：小学语文分配给男女两性扮演主角的数量，男性是女性的4.3倍；而在男女能力方面，语文教材中描述女性的是无知低能的多，男性则是知识渊博、能力高强的多；在男女性格方面，描述女性更多的是不良性格特征（如小气、狠毒、不信任、迷信等），而男性则多是坚强、勇敢、正直、友爱等优良的性格品质。史静寰等对人教社版（1994—1996）的六年制小学语文教材（共12本）的数据统计[62]：女性形象出现率仅为20.4%，而且呈现年级越高、课本中女性出现的比例越低的趋势。除此之外，史静寰等还发现[63]：小学教材中依然普遍存在"男性强于女性"、"男性优于女性"的性别观念。

培养独立女孩——拯救女孩的五个建议

人类文明的进程就是女性独立性不断增强的解放过程。独立性是女孩奋飞的翅膀。21世纪将是一个女性大展身手的世纪，独立精神是21世纪女性最重要的品质之一。21世纪的女孩和女性应该明白这样一点：男女之间的依赖是以人身和经济独立为基础的相互依赖。独立是第一位的，相互依赖是第二位的。对女孩父母来说，培养女孩的目标不应该仅仅局限于嫁一个好丈夫，而应该着力培养女孩的独立与自信。

"教育的目的就是为了不教育。"所有的家庭教育其实都有一个目的：通过家庭的教育，使孩子能够摆脱对父母和其他人的依赖，成为一个能够独立思考、独立学习、独立生活的人，授人以"鱼"，不如授人以"渔"。

我（孙云晓）的实际体验

培养女孩独立性方面，我（孙云晓）有许多亲身体会可以与女孩父母分享。在我女儿10岁的时候，她妈妈出国了，紧接着我也要出国。我就跟女儿商量，闺女啊，爸爸妈妈都要出去了，你一个人怎么办呢？把你送到青岛奶奶家还是在北京的姥姥家？我说我还有一个建议，找认识的一个女大学生把你带到她的东北老家，你到那里去生活一段时间，这三个地方你选吧。结果女儿选择去东北，她觉得到姥姥家奶奶家都很熟悉了，而且老人话也少。我说太棒了，你很勇敢！于是给她准备一个小皮箱，把她的用品都带着，然后跟着那位女大学生上了去东北的火车。

我对女儿的要求就是要有礼貌要写日记。她第一次在没有父母陪伴的情况下出门，在一个陌生的地方生活了近一个月，每天都有很多新鲜的经历让她来写日记。我觉得那次生活给了女儿很深的体验。有人说，你怎么胆子这么大，敢让孩子到处跑。我觉得，没有独立性的孩子很难有自信心，女孩子特别需要摆脱依赖性的束缚，才会有广阔的天空。要舍得把孩子放出家门，因为人是在体验中长大的。我们不能代替孩子成长，就不能代替孩子体验，现如今的孩子在成长过程中，间接经验过多，而直接经验也就是亲自体验后得到的经验偏少。其实你会发现只有一个人亲身体验过了，记忆才会最深刻。

当然，培养女孩的独立与自信更多是在日常生活中，比如，能否尊重孩子自己的选择，就是一个富有挑战性的问题。没有尊重就没有教育，教育一定是尊重人的，它让你心服口服，孩子再小他也是个人，他需要得到尊重。

女儿在小学毕业升初中时，面临小升初这样的重大抉择。我说，如果你愿意去重点中学，我可以想想办法。但是我女儿不去，她说我可不去重点学校，不想受那个罪。她选择了一个学习日语的特色学校，但不是重点，区重点都不是。

当时家里出现了激烈的争论，主要是妈妈反对，妈妈特别希望孩子上个重点中学，因为妈妈本身就是学日语的，她很清楚，学日语这条路比较窄。但是，我站在了女儿一边，尊重孩子的选择，主张先生存而后发展。

我想，孩子既然这么执著地选择，自然有她的理由。第一呢，我的孩子并不属于那种竞争力特别强的、棒得嗷嗷叫的孩子，她不愿意去那么拼，去跟大家争，我觉得这个我可以理解。第二，这个学校有特色，比方学习日语，中日交流非常多，社会实践非常多，我觉得这对孩子，可能是快乐的生活，而且将来出路也会不错，所以我觉得她的选择是有道理的。

女儿进入北京那所学习日语的学校深受其益。她在那里生活了六年，从初中到高中毕业。这个学校跟日本有密切的民间交流。我女儿在家里接待了三批日本学生来民宿。学校里是谁报名谁就可以接待，我女儿每次都很积极地报名，然后就把日本学生领回来。一般都是男孩领男孩，女孩领女孩。我女儿就分别领了三个日本女孩住我们家了。这些日本女孩进门以后叫我爸爸，一般都是去谁家，谁家的父母就是爸爸妈妈。

我事先跟女儿说，这是你的客人，你得好好接待，我们都配合你。一般要求来民宿的学生要住在你们家单独的房间里，我说那只好把你的房间空出来了，你睡客厅让客人住在你屋里。我女儿很积极，可以，什么都可以，每天业余时间就陪着日本女孩到处转悠，觉得很开心。

我也觉得这种生活非常有意思，因为这种交流能够一下子把文化差异国家差异民族差异体验得非常具体。我写过中日少年《夏令营中的较量》，但是我从来没这么近距离地观察日本的孩子。

来过我家的有一个日本东京的女孩，我到现在还记得她，名字叫长冈扶美子。她很会管理自己的生活，到北京来花的20万日元全是她自己打工挣的钱，所以人家非常地节约。我女儿陪着人家，结果自己把相机也丢了，钱包也丢了，但人家那个女孩什么也没丢，人家都很珍惜非常注意。

这种民间的交流对孩子的影响是潜移默化的。我女儿到日本休学旅行的时候，那家也强烈要求让我女儿住他们家。当我女儿第二年又去日本休学旅行，那家还要求继续接待。所以现在我们两家的关系就像亲戚一样，关系非常好，只要我们去日本，一见面两家聚会都特别开心。

实践证明，女儿的选择是明智的，独立的生活经历使她格外自信。高中毕业，她考上了梦寐以求的复旦大学，因为她希望到外地读书，她喜欢上海。独立而自信的性格，又使她成为一名敢闯天下的记者，去四川地震灾区、去西藏。如今，她是中国新闻社驻日本记者。

我（李文道）的实战经验

在培养孩子独立性方面，我（李文道）也有过成功的案例。一位朋友的女儿，一个活泼可爱的12岁小姑娘，开始上初中，却无论如何也不愿意自己去上学，坚持有人陪她去。我的朋友认为：上初中了，女儿应该独立去学校了，他们也打算不再送女儿去上学了。我的朋友千说万说，道理讲了一大堆，女儿却刀枪不入、死活不听，如果父母不送，她就不去上学了。我的朋友不胜其烦，却又无计可施，最后找到我："李博士，您是研究心理学的？您有什么方法？"

我与这位朋友先一起分析了一下实际情况：她上学的路线其实并不复杂，中间只需要倒一次公交车，一个12岁的女孩完全可以做到这一点。我与朋友一致认为：他的女儿不愿意独自一人上学最主要的原因是她的心理恐惧：对自己独自上学缺乏信心，同时她也缺乏经验：不知道怎么样换乘公交车（这么多年了，她一直是父母引着坐公交车，连看站牌都没学会）。我们判断：她有独自上学的动力——上初中了，还需要父母陪送上学，这在同学面前并不是一件光彩的事情。我们还达成共识：如果马上逼她独自一人乘公交车，就有可能把她置于危险之中。

最后，我与朋友一起制订了循序渐进的行动方案，美其名曰"四步走'战略'"：

第一步，父母陪孩子乘公交车，先引导女儿如何看站牌，如车次、方向、起点及终点等，并告诉她如何换乘等等。

第二步，让女儿引领父母乘公交车。在这一阶段，父母仍然陪女儿去上学，但身份发生了改变，女儿是引领者，父母只是简单地陪伴，主要起到心理上的安慰作用。在此过程中，父母可以陪在女儿身边，可以通过眼神等肢体语言进行交流，一般不要进行言语指导。

第三步，女儿乘公交车，父母像陌生人一样远远地关注着女儿，远距离地给女儿一种心理安全感。

第四步，女儿独自一人去乘公交车，父母不再陪伴，父母的手机号码随身携带。

我们本来打算用一个月的时间，每个步骤一个星期。结果远远超出我们的期望。到第二个星期时，朋友的女儿就突然宣布不再需要父母陪伴了。第三个星期天，朋友的女儿就宣布：自己一个人去姥姥家。朋友有点担心，去姥姥家要换乘两次公交、一次地铁，但他们还是选择了相信女儿。朋友的女儿最终安全顺利地抵达姥姥家并独自返回。朋友在电话里激动地告诉我：看到女儿独自一人回家时脸上流露出的自信，他又一次体验到当一个老爸的幸福。在这个过程中，朋友的女儿犯了一些初学者经常会犯的错误，如有一次坐过了站，还有一次去姥姥家时换错了车。每一次，朋友的女儿都自动地纠正了错误。

在我的成功经验中，有三点是需要父母特别注意的。第一，女孩的独立能力比父母想象的要大得多。第二，在给予女孩独立的机会之前，一定要给予她尝试与训练的机会，女孩独立的过程应该是一个"循序渐进"的过程。第三，尝试独立的过程可能是一个犯错误的过程，父母应该多鼓励，要相信孩子具有惊人的自我纠错能力。

建议一：抓住女孩的两个"独立"关键期

发展心理学家们认为，一个人的独立性发展主要有两个关键期。关键期是指在特定时期内某种能力或心理品质最容易获得，而一旦错过这个时期，想弥补就会变得非常困难，即俗话所说的"过了这个村，没有这个店"。

男孩女孩独立性发展的第一个关键期都在两周岁左右，又被称作"第一反抗期"，这时候的女孩第一次认识到自己是跟其他人或物体区分开来的独立个体，第一次用"我"这个词来指代自己，这标志着自我的第一次诞生，也标志着第一个独立性关键期的到来。这一时期的女孩，已经学会走路，具有了基本的独立行动的能力，她们表现出非常强烈的自主倾向：她们不喜欢别人喂饭，希望自己吃饭，不喜欢别人替她穿衣服，希望自己穿衣服……她们希望尽可能地由自己来控制自己的生活，做生活的主人。这种可贵的自主精神就是"独立"精神的萌芽。如果父母能够耐心地对待女孩的这种自主性需求，尽可能地让女孩做那些力所能及的事情，如自己吃饭、自己穿衣服，女孩就会发展出一种对生活的掌控感，对自己更加自信，更愿意独立探索未知的世界，她会变得越来越独立。如果父母缺少这种意识，用粗暴的态度对待女孩的这种自主性需求，包办代替，那么女孩的这种独立精神就有可能被扼杀在萌芽状态，甚至会影响其一生。那些成年以后，仍然过度依赖父母，找不着工作就当"啃老族"的女孩极有可能属于这种情形。

女孩独立性发展的第二个关键期是青春期。青春期是女孩向女人过渡的时期。随着生理和心理的急剧成熟，女孩的自我意识再一次蓬勃发展起来，在心理学上被称为"心理断乳期"，这是女孩学习如何独立走向社会并成为一个独立女性的关键时期。在这一时期，如果父母对女孩的各种想法采取鼓励宽容的态度，以朋友的角色帮助女孩厘清各种想法并提供各种支持，那么女孩将对独立应对社会的各种挑战信心十足，她们愿意接受生活的挑战并自信能战胜它们。相反，如果这一时期的父母采取过度保护的做法，认为女孩无法一个人独立面对生活，对女孩的独立意愿和行动采取抵触态度，那么女孩将对独立走向社会心怀恐惧，她极有可能像一个没有安全感的婴儿一样退缩到父母的身边，继续依赖父母的保护，即使她走向社会，一旦遇到什么困难和挫折，她也会本能地选择退缩，这对于女性迎接竞争越来越激烈的社会挑战无疑毫无帮助。

明智的父母，会抓住这两个关键期，他们心里明白：女孩终有一天要独立走向社会，要独自承受未来生活的各种挑战，他们会鼓励女孩的自主与独立，创造条件发展女孩的独立性。

建议二：母亲要学会"放手"，鼓励女孩的独立

母亲是女孩的安全基地，母亲所提供的安全感是女孩敢于探索的前行动力。心理学家特里·阿普特一方面认为母女过度依恋会阻碍女孩独立性的发展，但她同时认为："与母亲关系亲密未必都是坏事，关键是女儿要有自己的主见，要学会在亲密的关系中保持独立性。这样的亲密关系就不会成为女儿成长的绊脚石，相反会帮助女儿健康成长。"

母亲应如何把握这种平衡，既让女孩感受到亲密关系而又不伤害其独立性呢？我们认为，明智的母亲在做好女儿安全保护的同时，一定要学会放手。

第一，让女儿独自承担一些力所能及的责任。母亲可以从吃饭穿衣等日常事务着手，让女孩首先承担起自己生活的一部分责任。如引导得当，两三岁的女孩就基本上可以自己吃饭穿衣，幼儿园阶段的女孩就可以自己收拾自己的玩具，小学阶段的女孩就可承担一些简单的家务，中学阶段的女孩完全可以做一些简单的饭菜。独立性的发展是需要练习的，没有承担这些责任的过程，就无法发展出真正的独立性。

第二，让女儿学会独立做出决定。一些女孩之所以给人以独立性不强的印象，是因为她们难以独立做出决定，她们给人的印象往往会犹豫不决，前怕狼，后怕虎。这其中的原因主要是她们缺少做决定的经历以及做决定的能力。做决定的能力是需要从小培养的。在女孩很小的时候，

母亲可以把一部分选择权交给她，可以先从一些小事情开始，比如她早饭是喝豆浆还是牛奶，是吃面包还是馒头。女孩到小学的时候，母亲可以把部分置装权交给女孩，在母亲控制预算的前提下，女孩可以选择自己喜欢的颜色和款式。在此过程中，女孩可能会犯错误，但错误是成长的代价，犯错误并学会承担错误的后果，会使女孩将来更明智地做出决策。一旦女孩学会如何独立决策，母亲就可以减少许多不必要的担忧，她将来也不用担心自己长大的女儿上当受骗。

第三，给女儿独立的时间与空间。独立性的培养是需要独立的时间与空间的。现在家庭教育的重大问题是：应试教育极大地压缩了学生的时间与空间，女孩的许多时间都被沉重的课业负担占据了。在无法彻底改变应试教育的情况下，母亲应该更为明智地为女孩创造这种独立的时间与空间，除了课业之外，其他时间可以允许女孩自由支配，她做什么，怎么做，母亲尽量不予干预。

母亲应该谨记：女孩就像手中的沙子，攥得越紧，沙子流失得越快。如果母亲能以轻松的心态对待女孩的独立倾向，母亲不但不会失去女儿，而且不管女儿身在天涯海角，母亲都会永远在女儿心中。

建议三：发挥父教的独特价值

女孩独立性的成长是需要锻炼的，在这方面，作为男性的父亲具有母亲所不具有的许多独特优势。父亲在锻炼女孩独立性方面大有可为。

父亲带女孩去经历和体验一些新鲜事物。作为男性，父亲往往是外向型的，他对外部世界具有强烈的好奇心，这一点往往是母亲无法比拟的。我们知道一些女孩之所以胆小怕事，是因为她们经历的事情太少了，她们习惯于在熟悉的时间与空间之内活动，对未知的世界充满了本能的恐惧。父亲应该发挥他的这一优势，引导女孩多去经历和体验那些从未遇到过的新鲜事物。这种经历会逐渐告诉女孩：未知并非可怕，她们的胆识会在实践中自然而然地增强，这会给她们独立的勇气与力量。

教女孩学习如何果断。果断是跟优柔寡断相对的，就像果断往往跟男性联系起来一样，优柔寡断正是社会对女性的刻板印象之一。对许多女孩来说，果断是一种稀缺品质，这使她们在权利受到侵犯时，不敢维护自己的权利，生活成为逆来顺受。果断是一种很重要的心理品质，可以帮助女孩更加独立地应对生活中的各种困难与挫折。父亲可以引导女孩认识什么是果断，它不同于武断，因为武断等同于固执己见，果断更不同于优柔寡断，因为优柔寡断属于当断不断，贻误良机。父亲可以教女孩如何果断决策，在生活中需要决策时，父亲可以让女孩参与进来，如何权衡利弊得失。日常生活中本来就有很多这样的机会，家庭生活中许多事情也时时处处需要果断决策，大到升学就业，小到购买什么颜色什么款式的鞋子，都需要果断决策。

建议四：引导女孩学会自我管理

苏霍姆林斯基认为"自我教育"才是真正的教育。自我教育正是一种以尊重独立性发展为基础的教育。在新近出版的《教孩子做自己的主人》一书中，我们曾特别强调这样的思想：从自理到自立，即通过培养孩子的自我管理能力来培养其自立精神。

在这本书里，我们涉及的内容几乎涵盖了男孩女孩生活的方方面面：目标管理、时间管理、物品管理、消费管理、情绪管理、运动管理、饮食管理。我们有一个思想贯穿该书始终，那就是通过父母的引导和培养，帮助孩子养成自我管理的习惯，而这种自我管理习惯最终会帮助他们学会如何独立应对生活的挑战。在这本书里，我们还给出了实际的方法指导，有兴趣的父母，可以翻读此书，作为培养女孩独立性的指导和操作性手册。

建议五：沟通让女孩更自立

父母对女孩独立性的培养应该成为生活常态的一部分。言语的力量是强大的，父母的言语对孩子的影响力更为强大。父母的言语中所流露出的信息对塑造女孩的独立性具有非常重要的价值。

如何通过言语沟通来鼓励女孩的自立呢？在《如何说，孩子才会听；如何听，孩子才会说》一书中，作者给出了一些很实用的方法技巧，下面就是其中的三个：

第一，让孩子自己做出选择。父母所提供的选择要适合孩子的发展水平和能力水平，在幼儿时，吃什么穿什么，父母可以先在划定的范围内进行选择，最后过渡到完全自主的选择。这些选择给孩子提供了很有价值的练习机会，这种练习对孩子将来的职业、婚恋等选择都大有裨益。

第二，尊重孩子自主的努力。每个人都有一种天生的本能需求——自主地决定自己的生活。孩子也一样，对于孩子自主生活的努力，父母要采取鼓励的态度。对于孩子的自主需求，父母应该耐心地花时间指导训练，提升其自主能力，并逐渐放手让孩子自主其生活。

第三，别急着告诉答案。许多父母好像都有一种本能，希望能够回答孩子的任何问题，他们认为回答孩子的问题是增长孩子才智的好机会。事实并非如此。父母有求必应、有问必答看起来好像是给孩子传递知识，短时间内也可能会有这种效果，但长期看来，这种做法会阻碍孩子自己独立解决问题的能力。

☛ 发现女孩之七：女孩的优势

女孩的优势主要集中在言语能力和情绪情感两方面。

一、言语能力

著名的人类学家玛格丽特·米德（Margaret Mead）的跨文化研究指出：几乎在所有文化背景下，女孩的语言能力都比男孩要强。研究者已经基本达成共识：女孩的言语能力总体优于男孩。女孩获得语言、发展言语技能的年龄较男孩早。在整个学校教育阶段，女孩在阅读和写作测验中获得更高的成绩，这种差异具有跨文化的一致性。2003年，国际学生评价项目对以经济合作与发展组织成员为主的42个国家的学生成绩进行了测查。结果显示：在所有参与测查的国家中，女生的"阅读"成绩均大幅度领先于男生。2003年，国际阅读素养进展研究对35个国家四年级学生进行的"阅读"测试成绩显示[64]：女生成绩全面"盖"过男生。

为什么会存在这种差异？其中一个可能的原因是女孩生理成熟得更快更早，这种生理成熟促进了大脑左半球皮层的更早发育，最终导致了女孩早期的言语优势。对动物和人类大脑的解剖证实，女性的大脑左半球皮层比男性的稍大一些，而且更成熟。另外一个原因是环境因素起作用，如父母和老师往往认为女孩在语言课程上有优势。

二、情感表达与敏感性

女孩比男孩更善于表达情感。两岁女孩即比两岁男孩更多地使用与情绪有关的词语[65]。学前儿童中，女孩使用"爱"这个词的频率是男孩的6倍，使用"伤心"的频率是男孩的2倍，使用"疯狂"的频率与男孩相同。与儿子相比，父母与女儿更多地谈论情绪以及与情绪有关的事件[66]。

研究人员还曾设计了一个有趣的实验[67]，他们给一组由幼儿园儿童和二年级小学生组成的被试小组播放一段录有婴儿哭声的录音片段，并监测他们的生理和行为反应。研究人员想借此了解这些儿童会如何反应，他们是试图关掉录音机以摆脱这种恼人的声音，还是根据成人示范，通过录音机与婴儿讲话来安抚这个婴儿。研究结果表明，女孩对婴儿哭声的反应更积极，更少表现出烦恼，她们会尽力安抚哭泣的婴儿，而较少关掉录音机。男孩表现则大不相同，更多男孩的心电图显示他们对婴儿哭声感觉十分压抑，他们的反应是很快上前关掉录音机来摆脱哭声。

另外一个实验是这样的：当6个月大的婴儿坐在座位上与母亲玩耍时，研究人员在实验室录了像。首先，婴儿的母亲给他们呈现玩具并对他们说话；然后，母亲停止与他们玩耍并假装板起面孔以使婴儿烦躁不安。实验结束以后，母亲们会尽可能来安慰他们的孩子，如抚摸他们、注视他们，母亲们对儿子所使用的策略与对女儿所使用的策略几乎相同。研究人员通过分析研究录像发现：当母亲停止与婴儿玩耍并假装板起面孔时，与女孩相比，男孩哭泣和烦躁的次数更多，表现得更为愤怒。当实验结束以后，男孩需要母亲花费更长的时间才能安静下来。研究人员据此认为：在保持良好的亲子互动方面，女孩会让父母少操不少心。

女孩的情感敏感性可以从多个方面予以解释。一是进化层面，因为女性承担抚育者的角色，长期的进化可能使女性在基因上发生了改变，以保证她们能为养育后代做好准备。二是父母的教养，从婴幼儿期开始，母亲就可能对女孩的情绪情感表现给予更多的回应。

八　女生也可能很暴力

在写作《拯救男孩》时，我们注意到这样一个事实：男孩更容易出现各种暴力行为与违法犯罪。我们一般人也往往会想当然地认为：暴力应该离女孩很远。在我们许多人的印象中，女性往往以暴力受害者形象出现。

今天，一个颠覆性的现象出现了：野蛮女生正在越来越多，女生打架斗殴、群殴事件不时被媒体曝光。在接受记者采访时，长期从事青少年群体研究的广州市青年宫副主任陈冀京说："别说女生群殴，如今女生把男生暴打一顿的事也越来越多了！"

针对女生暴力，有人感叹：见过野蛮的，没见过这么野蛮的。

莎士比亚那句名言"女人，你的名字是弱者"或许应该被改写了。

我们先来看一个关于女生暴力的案例[1][2]：

地点：河北邯郸某中学。

2008年3月12日晚9点左右，女生小华打完热水回宿舍，走到三楼时听到脚步声，她抬头看了一眼，原来是两个不熟悉的女孩，便低头继续上楼。可能就是这个"无意中的一瞥"，为小华连续两夜两次遭受殴打埋

---

[1]　主要来源于《校园里的女生暴力事件》（《记者观察（上半月）》2008年第5期）以及《邯郸晚报》、《燕赵晚报》等报道。

[2]　此案例及本章中所涉及人物均使用化名。

下了"祸根"。

第一次殴打：反复蹬踹两小时

3月12日晚10点30分，宿舍熄灯。突然，同层楼8号宿舍读幼教专业的小林和小青等7名女生闯进小华宿舍，小青粗暴地将小华从床上拽到地上，劈头就问："你是怎么看我的?"

小华一脸疑惑："啥时候?"小青不依不饶："上下楼梯时，你没看我?"吓呆了的小华还没反应过来，就被掴了一巴掌，紧接着又被拽倒在地，拽起又被踹倒……7名女生轮流出脚，小华鼻嘴出血，宿舍其他女孩都被吓傻了，不敢出声。

折腾到深夜12点半左右，7名女孩才离去，临走时撂下一句话："我是某某班的，你要告诉老师，明天还会收拾你，小心点。"

13日早晨，小华没去上课，让同学帮她请了假。下午2点40分，小华感觉身体难受得厉害，再也拖不下去了，便去找班主任韩老师请假。小华脸上的伤痕引起了韩老师的注意，在韩老师的再三追问下，她道出了实情，但再三央求韩老师不要通知政教处。小华事后说，第一次被殴打后，她特别害怕被再次殴打，她打算认栽了。

第二次殴打：持续折磨五小时

13日17点15分，小华正在宿舍看书，突然，两个曾经参与施暴的女生走进小华的宿舍："小华，去告老师没有?"在得到小华否认回答后，两人仍不死心："为啥别人都说你去告老师了?"

问不出结果，两人便愤愤离去。小华心想，总算避免了又一场灾难。小华高兴得太早了……

13日22点30分，学校熄灯后，施暴的7名女生再次闯进小华宿舍，把她从床上拽下来，顺手拿起一块手巾塞住她的嘴，拖到斜对面的8号宿舍，对她一顿拳打脚踢。

小华还未弄清是怎么回事，施暴者就举起凳子砸向小华，其中一名施暴者小林说："为了打你，奶奶的手都疼了。"后来，施暴者改用饭盒砸小华的头，边打边问："是不是向老师告的状？"

这时，小华才清楚被打的原因，但她硬撑着没有承认。

小林一把拽住小华的衣服说："让你不承认！"便把她推到墙角，用凳子砸、饭盒敲、铁棍打。小华被打倒在地，小林一脚踩住小华的背部，一边用校徽的胸针不断扎小华的面部，边扎边说："看你的脸都肿了，帮你放放血"，"别让姑奶奶重复第二遍"。

小华看形势不好，心想不交代实情暴打就不会停止，于是，她向对方承认，是对老师反映了第一次被打的事情。事与愿违，施暴者开始变本加厉，小华被打晕过去了……

不知过了多长时间，小华被一盆凉水泼醒，才发现自己全身上下都湿透了，她身上的衣服也被全部剥光了，阴部湿乎乎的很疼。

这7个女生继续变着法儿折磨小华，肆无忌惮地发泄自己的淫欲和兽性。她们用卫生巾粘贴小华的嘴部，一边粘一边说："姐姐对你多好，还给你贴个创可贴。"

她们逼着小华回宿舍拿两个凳子放在走廊上，逼小华躺在上面，她们用脚踩她的肩膀，踩她的腿。她们还在小华的肚子上放上一个饭盒，饭盒不能掉下来，否则继续打，她们还喊其他同学来围观。

紧接着，她们又让小华两腿夹住两个矿泉水瓶，穿上高跟鞋走路，不许将瓶子掉下来，否则继续殴打。

连续的殴打并未让施暴者有丝毫停歇，折磨小华的招数又是一个接一个，往脸上吐唾沫、吃卫生纸、给其胸部用墨水画玫瑰花、卫生巾打湿后垫在胸罩里为其"隆胸"。更为恶毒的是，用牙刷刷小华的阴道和屁股……手段残忍至极！

接着，7名女学生命令小华从四楼到三楼打了一盆水，倒入洗衣粉，让她洗头、洗后背。然后又灌了小华四大盅白酒，让她用白酒洗脸来刺激伤口。她们还让小华拿自己的衣服把她们宿舍的地面擦干净。

施暴者还命令小华蹲在地上，踩着小华的背上了上铺。她们还让小华叫她们"皇姑"、"皇后"、"奶奶"。

她们还用手机录像把整个过程都拍了下来，打算发布到网上……

14日凌晨3点多，暴行持续长达5小时后，她们让小华穿着湿衣服去宿舍睡觉。

临走时，她们拿走了小华的手机和钱包，把手机里的话费打完后，才把手机还给了她。

当日早晨，小华因下身疼痛起不了床未能上课，老师到其宿舍看她。小华说出被打的事情……校方报了警。

受害者小华旋即被送到一家医院进行治疗。在医院里，稍微有点动静，小华就惊叫地醒来，无意间的开门声或走动声，也会让她陷入长时间的不安。小华说："我一闭眼，满眼都是她们的模样。"后来，由于出现行为异常，小华被转送至石家庄精神病医院。

7名施暴者中，5人被刑事拘留，2人因不够法定年龄而未采取刑拘措施。最终，施暴者受到法律的严惩。

女生暴力，不是个案

女生暴力事件还有不少，仅2009年，新闻媒体就报道了多起类似的事件：

◇ 2009年2月，新疆某职业学校女生小青（化名）在学校宿舍被4名和她年龄相仿的女生殴打了4个多小时，前前后后至少被扇了40个耳光，最终导致左耳鼓膜穿孔。

◇ 2009年5月，云南某县主管教育的副县长之女——该县一中15岁的初二女生小思，带领7名同校女生将该校初三女生小艳拖进厕所，用巴掌打脸，用高跟鞋砸头、砸腰，用脚踹头，用脏卫生巾塞嘴，并用手机拍下照片和视频。

◇ 2009年9月，陕西西安某旅游职业中专女生小美被同校的七八名女同学按在宿舍的地上殴打，随后她被强行扒光衣服，并用手机拍下裸照。

◇ 2009年11月，山东潍坊4名中职女生用拖把、扫帚、热水袋等围殴1名女生，并扒光其衣服，供围观学生拍照。

◇ 2009年12月，南京某中专学校15岁的小芳被同学电话叫进一女生宿舍里，遭两名同班同学殴打、折磨3个多小时。施暴者不仅抽了30多耳光，踢了30多脚，还罚她下跪、弯腰90度，逐一向施暴者及围观者道歉。

被媒体曝光的仅仅是"冰山一角"。实际上，大多数的女生暴力都被隐藏了起来，女生暴力实际上很严重：

◇ 北京大学公共卫生学院青少年卫生研究所陈晶琦教授领导的课题组2005年对广东、浙江、湖北、陕西、黑龙江、北京等6个省市的4327名大中专学生进行的调查显示，46%的女生经历过身体暴力，55.4%的女生经历过精神暴力，28.5%的女生经历过性虐待[68]。

◇ 司法部预防犯罪研究所组织的"校园暴力研究"调查显示[69]：6.2%的女生表示发生过被人打的事件，8.2%的女生发生过被人歧视或孤立排斥事件，7.9%的女生赞成为了解决问题而采用暴力手段，17.1%的女生认为同学间的推搡、打架不属于校园暴力行为。

◇ 对488名职校女生欺负行为的调查显示[70]：有11.7%的女生"一个月发生两三次或更频繁"的受欺负。7.8%的女生"一个月发生两三次或更频繁"的欺负他人；而"每周一次或更频繁"的受欺负和欺负他人者分别为3.4%和1.2%。还有3.7%的女生既属于欺负者，也属于被欺负者。在受欺负者的自我报告中，直接言语欺负的发生率为34.8%，间接欺负的发生率为34.2%，直接身体欺负的发生率为10.8%。

◇ 对北京市两所中学的调查显示：在206名被调查的女生中，有106人受到不同形式的同伴欺负。

◇ 对初中女生欺负问题的研究显示[71]，普通初中学校女生中受欺负者所占比例为8.8%，欺负者比例为0.8%。

外国的情况也较为类似：

美国儿科学会会刊发表的一份研究报告显示[72]，发达国家的少女们正在越来越暴力。对35个发达国家、10万多11—15岁青少年的调查显示：在过去12个月内至少和人打斗过一次的苏格兰少女比例高达29%，美国25%，俄罗斯21%，芬兰13%。

在德国，根据警方的观察，结成团伙的女孩施暴现象越来越多。暴力犯罪的女孩数量也有惊人的增长。来自德国的统计发现[73]，1995—2000年，21岁以下的女性犯罪嫌疑人几乎上升了三分之一。1995年21岁以下的女性犯罪嫌疑人约为125000人，2000年达到163000人。女孩斗殴的严重性和残酷性与施暴的男孩相比已没有差别。

知识链接：女生校园暴力的特点[74]

与男生相比，女生的校园暴力行为具有以下三个鲜明的特点：即聚众性、虐待性和持续性。

聚众性

※ 男生中的校园暴力往往以"单挑"、"群殴"为常态，一般具有人数上的对等性。以大欺小，恃强凌弱，男生凭借的是自身身体条件的优越性。女生则选择了以多欺少、以众欺寡的方式。对一个被害人，施暴者少则两人，多则十几人，以此弥补生理条件上的不足，用人数上的绝对优势迫使受害人乖乖就范。媒体报道的案例中聚众人数最多的一次，加害者多达18人。

虐待性

※ 由男性较强的攻击性和占有欲决定的，男生的校园暴力行为一般说来攻击性很强，通常给被害人造成严重的身体损伤。与此不同，女生的施暴行为并无明显的暴力攻击倾向，但其表现出来的虐待倾向则令人触目惊心，加害人往往寻求精神刺激，享受任意摆布弱者的乐趣，以满足自己凌驾于他人之上的心理优越感，给被害人造成的精神上的恐惧和伤害远远胜过身体上的伤口。其虐待花样之多，手段之恶劣，危害性比男生的野蛮粗暴行为有过之而无不及。

持续性

※ 男生的暴力过程时间一般较短，通常是"一打走之"、"一抢了之"的急风暴雨般的攻击行为。与之截然相反，女生的虐待过程则往往持续相当长的时间，一般都在几个小时以上。加害的众人往往乐于享受施虐过程给她们带来的刺激和快乐，对被害人来说则是漫长而可怕的梦魇。现实中发生的最长的一次虐待行为持续了36小时。

残酷青春谁之过？

"以暴制暴"的家庭教育方式

许多父母从小就向孩子灌输以暴制暴的观念，在学校里不吃亏。一些女孩的父母认为女孩本身就处于弱势，要从小就教育她"打要还手，骂要还口"，只有这样，长大以后才能不被他人欺负。

可能正是由于这种以暴制暴教育方式，制造了许多暴力女生。司法部预防犯罪研究所组织的"校园暴力研究"调查显示[75]：7.9%的女生赞成采用暴力手段解决问题。

从小就养成的这种"以暴制暴"的解决问题方式，会自然地变成一种习惯，一旦感觉被人欺负时，就会习惯性地拳脚相向。

有一些女孩的父母本身就是这种"以暴制暴"的"楷模"。在家里，夫妻经常拳脚相加，当女孩做错事情或激怒父母时，往往也会受到暴力惩罚。从小在这种环境中耳濡目染，女孩很快就会习得这种处理问题的方式。她们对暴力已经见怪不怪，已经"脱敏"了，遇到冲突时就会自然地模仿父母的暴力行为。心理学的大量研究数据证明：在家庭暴力发生较多的家庭中长大的孩子，实施暴力犯罪的可能性更大。

不当中性化——"女孩男养"助长"暴力女"

不当的家庭教育是女生暴力的第一责任人。上海社科院青少年研究所所长杨雄研究员认为，"独生子女中性化"助长女生暴力[76]：

> 女生暴力事件的增多，与近年来愈演愈烈的独生子女"中性化"密切相关。因为家中只有一个女儿，很多家庭都实行把女孩当男孩来养的家庭教育，他们认为这样调教出来的女孩，性格外向张扬，未来才具有竞争力，但与此同时，这些女孩就有可能趋于粗鲁、野蛮，她们被教导要像男生那样强势，但并不知道这种强势更多的是一种内心感受，她们盲目模仿男生抽烟，爆粗口，甚至打人，并引以为荣。

杨雄认为，如果"中性化"是男女两性相互吸收借鉴对方的长处，那么就是一件好事；但如果偏偏吸取了对方的短处，结果只能事与愿违。他认为，许多女孩父母其实误解了什么是"中性化"，认为"中性化"就是"让女孩像男孩一样强横，这样走到社会上才不会吃亏"，这种家庭教育的背后其实是一种"弱肉强食、尔虞我诈"价值观在作怪。

广州市青年宫副主任陈冀京也认为，女生暴力事件增多与近年来愈演愈烈的独生子女"中性化"有关。他说："身为女孩子，却想像男性那样强势，于是模仿男性那样抽烟，爆粗口，甚至打人。"他还从发展的角度深入分析了女生暴力事件多发生在中学阶段的原因：青春期女生性别认同常常出现模糊。因为从幼儿园开始，女生常常担任班干部等职务，比较强势，而进入青春期后，"她们潜意识里拒绝承认相对弱势的女性角色身份"。

我们认为，"双性化"绝不是"中性化"。双性化是指男女双方互相借鉴对方的优点，而不是优点没有学到，缺点学了一大堆。暴力女生就是"中性化"误入歧途的一个典型表现。

知识链接：双性化理论

※ 很久以来，人们一直把男性化和女性化看做单一维度的对立两极，传统的性别角色也把某些特点赋予一定的性别，如男性的勇敢、女性的温柔。

※ 后来，心理学家桑德拉·本姆提出了双性化的概念，以"帮助人们从性别刻板印象的禁锢中解脱出来"。本姆反对把男性化和女性化看做单一维度的对立两极，而认为男性化和女性化是相对独立的特质，可以看做两个相对独立的维度，一个人可以同时在两个维度上得分很高，即同时具备男性特征和女性特征，这样的人被本姆称作"双性化"个体。本姆认为适应最好的就是双性化的个体。与双性化个体相对应，那些具有较多男性特征的人属于男性化个体，具有较多女性特征的人属于女性化个体，而既缺乏男性特征又缺乏女性特征的人属于"未分化"个体。

> 双性化理论是一个具有开拓意义的理论。众多研究表明，双性化的个体是存在的，双性化的个体也具有一定的优势，能更好地适应社会。

媒介暴力的影响

媒介暴力是指电影、电视、电子游戏、报刊等媒体中所包含的暴力内容。有人认为，现代媒介有两个永远的主题：一是拳头，代表暴力；二是枕头，代表性与色情。

媒介暴力所塑造的暴力文化对儿童青少年具有极大的危害作用。以电视为例，数以百计的实验与调查研究表明：观看电视暴力节目会助长暴力行为，经常观看电视暴力节目的儿童青少年更具敌意和攻击性。不管是学前儿童，还是小学儿童和初高中学生，不管是在澳大利亚、加拿大、芬兰、英国，还是在波兰、爱尔兰，看电视暴力与现实中的攻击行为均成正相关[7]。

观看电视暴力增强儿童的攻击性主要是通过三条途径进行的。一是直接途径：观看电视暴力增长了儿童的攻击倾向，这种攻击倾向又刺激了他们对电视暴力的兴趣，这反过来又进一步刺激了他们的攻击性行为。观看电视暴力除了直接增强儿童的攻击性之外，还通过另外两条间接途径助长儿童的攻击性。一是改变了他们对真实世界的认识，长期观看电视暴力会给他们灌输"残酷世界观"，即认为世界是充满着暴力的，暴力也是人们解决问题的一种主要途径，而在现在的真实世界里是没有这么多暴力的，暴力只是现实世界解决问题的最为愚蠢的方法之一。二是对暴力行为的"去敏感化"，长期接触电视暴力，提高了儿童青少年对暴力行为的容忍度，对暴力行为习以为常、漠不关心。

无所不在的暴力文化

中国政法大学的皮艺军教授是研究青少年犯罪的专家，他非常关注暴力文化对儿童青少年的毒害作用。他认为："校园女生暴力案件的增加是和现在普遍存在于青少年中的暴力文化密不可分的。"皮艺军教授认为[78]：

> 暴力文化已经成为现代文化生活中部分成年人不可缺少的文化享受，暴力文化的商品化自然成为商家的最大卖点。虽然我国有关青少年问题的法律中都一律禁止孩子接触暴力文化，但在现实中却基本没有可操作的限制性规定，对此还基本上处于放任状态。对于容易吸收外界信息、且分辨能力和自我控制能力都不够成熟的青少年来说，很难不受到影响。这是产生青少年暴力倾向的很重要的原因之一。

> 另外，大众媒体对暴力限制太少，虽然我国一直都在限制色情和暴力内容的传播，但在实际做法上往往是限制色情不限制暴力。在影视文学作品、音像制品、小报小刊、电子游戏中，孩子可以十分方便地接触到暴力场面。特别是我国对影视作品中的暴力没有分类，更没有因为其中有暴力内容而限制孩子观看。

司法部预防犯罪研究所"校园安全"课题组对北京地区三所普通中小学的调查表明[79]：在被调查的400多名女生中，77.7%的女生回答"取笑、作弄其他同学不属于校园暴力行为"，55.1%的女生回答"同学间发生语言争执，如吵架、骂人不属于校园暴力行为"，63.1%的女生回答"用语言侮辱其他同学，如叫侮辱性的外号、说脏话不属于校园暴力行为"。

应对女生暴力——拯救女孩的五个建议

应对女生暴力，父母的责任首当其冲。好的父母，可以通过教育来避免女儿受到暴力的侵害。好的父母，即使当女儿受到暴力侵害时，也能把这种危害降到最低点。好的父母，当然不会让女儿成为暴力事件的施暴者。

在校园暴力方面，女孩父母有两个目标：一是不能使自己的女孩成为施暴者，二是避免使自己的女孩成为暴力的受害者。

建议一：健全人格的培养与爱的教育

健全人格的培养

一两的预防胜过一吨的补救，预防是上上之策。在诸多预防措施之中，健全的人格健康是最为根本的，它是教育的核心，更是家庭教育的核心。健全人格的培养既可以避免女孩成为暴力的受害者，更可能避免女孩成为暴力的加害者。

什么是健全人格？健全人格可以理解为孟子所说的"四心"："恻隐之心，仁之端也；羞恶之心，义之端也；辞让之心，礼之端也；是非之心，智之端也。无恻隐之心，非人也；无羞恶之心，非人也；无辞让之心，非人也；无是非之心，非人也。"如果一个女孩有这四个"心"，能做到"仁义礼智"，校园暴力将与她绝缘，至少十万八千里远。

爱的教育

培养健全人格，具体到预防校园暴力方面，首先要进行爱的教育，即爱自己、爱他人、爱社会。爱自己的人，不会成为暴力的加害者，因为她不会拿自己的前途和将来去冒险，在遇到冲突的时候，会三思而后行，她会想到暴力行为的严重后果。爱自己的人，不会去惹是生非、寻衅滋事，她会想方设法地去化解矛盾来避免成为别人施暴的对象。爱他人的人，会珍惜他人，不会成为施暴者。爱他人的人，他人也总会爱他，即孟子所谓"爱人者，人恒爱之"，相互体谅，相互尊敬，就很难发生暴力冲突。爱社会的人更不会用暴力去危害他人，危害社会。要让女孩爱自己、爱他人、爱社会，父母就要给女孩足够多的关爱。暴力女生多数来源于缺少关爱与温暖的家庭。缺少关爱使她们很容易形成一种攻击性人格，最终成为校园暴力的施暴者。因此，各种情感支持系统，特别是父母的关爱对女孩显得尤为重要。充足的关爱可以极大地降低女孩成为施暴者的可能。

建议二：帮助女孩认识女生暴力

在女生暴力事件中，有些女生并没有真正认识到自己的行为属于"暴力"行为。有些女孩稀里糊涂地成为暴力的帮凶，有些女孩受到暴力侵害时选择忍气吞声，因为她们并不真正了解什么是暴力，会对他人造成什么样伤害的暴力行为可能承担什么样的法律责任。父母有责任引导女孩认识这些内容。

什么是暴力呢？第49届世界卫生大会（1996）首次明确将暴力定义为"蓄意滥用权力或躯体力量，对自身、他人、群体或社会进行威胁或伤害，导致身心损伤、死亡、发育障碍或权利剥夺的一类行为"。父母引导女孩认识这个定义，既可以使女孩避免因无知而成施暴者，又可以使女孩知道自己是否受到了暴力侵犯。在联合国儿童基金会发起的儿童暴力预防和干预项目中，所采用的儿童暴力定义取自于联合国《儿童权利公约》第19条：即"任何形式的身心摧残、伤害或凌辱，忽略与照料不周、虐待或剥削，包括性侵犯"等对儿童造成伤害的行为。

父母还要引导女孩了解校园暴力带来的各种危害。女生暴力，会对受害者造成严重的伤害，这种伤害不但是肉体上的，更重要的是心理伤害。严重的暴力伤害有可能导致"创伤后应激障碍"，受害者表现出易怒、焦虑、沮丧、学习效率低、成绩下降，甚至拒绝上学；突然沉默寡言、孤僻古怪；因无法承受压力而发生自伤、自残和自杀行为。严重暴力伤害所造成的心理阴影有可能会伴随一生，如梦魇一般挥之不去。对施暴者本身来说，其实也是一种伤害，她们会受到法律的惩罚。此外，她们的行为所暴露出的人性阴暗也会使她们受到良心的谴责，就像有些"文革"中犯下暴行的红卫兵，终生都在为此受到良心的折磨。施暴者的暴力行为还有可能得到暴力行为的强化，使施暴者迷恋暴力，导致罪行升级而锒铛入狱。

最后，父母一定要告诉女孩暴力行为的法律责任。根据我国《刑法》第14条规定，未成年人年满14周岁已具有刑事责任能力。一旦被受害者起诉，将根据情节轻重，最高刑期高达5年。这既可以震慑暴力，又可以教人如何用法律武器保护自己。

建议三：引导女孩避免成为暴力的受害者

许多女孩是稀里糊涂地成为暴力的受害者的。怎么样避免成为暴力的受害者呢？咨询师肖峰的三点建议值得父母们借鉴：

首先，注意不要冒犯别人的自尊和隐私。几乎每一个人都会有一些软弱的敏感区、危险的避讳区，此区域好像是一片布雷区，是主人有意识或无意识小心呵护的地方。

其次，要注意和他人特别是与自己可能有矛盾的人及时沟通。应当经常主动地同他谈论学习和生活，使他有陈述自己想法的机会。

最后，对那些有攻击或潜在攻击倾向的人，平时最好敬而远之，实在躲不开时，须注意言行举止不卑不亢，不要摆出一副傲慢或过于害怕的样子。当受到暴力攻击时，切忌用激烈的言辞激怒对方，可用表示顺从或先答应对方条件的"缓兵之计"来脱离险境再说。

建议四：不要"以暴制暴"

暴力行为往往是恶性循环的结果，许多暴力女生往往也同时是暴力的受害者。比如，从小就受到父母的殴打，或者受到同伴的欺负和殴打，使她们最终学会"以暴制暴"，把暴力作为解决问题的惟一途径。

因此，父母要以身作则，不要用暴力来解决孩子的教育问题。要通过其他更有智慧、更民主的手段来处理亲子冲突以及人际冲突，为自己的孩子做出表率。

在教育孩子的过程中，父母千万不要鼓励或变相支持"以暴制暴"，父母要有意识地引导孩子去寻找暴力之外的问题解决途径，比如协商谈判等等，以此培养孩子冷静处理问题、协调人际关系以及抗挫折等方面的能力。

建议五：把暴力伤害降到最低

如果暴力侵害真的发生了，面对暴力，女孩该怎么办？父母在平时就最好要让女孩知道：第一，生命是最珍贵的，生命只有一次，在遭受侵害时，生命的价值大于其他一切价值。第二，尽量保持冷静，看是否有逃脱的机会。第三，不要进一步激怒施暴者，以免伤害变本加厉。第四，一旦逃脱，迅速报警，以利警方在第一时间抓住施暴者。

如果暴力侵害真的发生了，该如何安慰遭受暴力侵害的女孩？

父母要做到如下几点：第一，告诉她现在安全了，时刻陪伴在她身边。第二，鉴于遭受暴力侵害的女孩容易出现自责心理——认为自己的不当言行导致了对方的暴力行为，父母不能指责她，而要慢慢引导她，反复地明确告诉她"这不是你的错"。第三，除非必要（如警方询问），不要让她去回忆暴力侵害的场景，以免二次伤害。第四，如受害女孩产生较为强烈的心理反应，且持续时间过长，建议去进行专业的心理咨询。

当暴力侵害发生时，父母一定要坚定地站在孩子一边。暴力行为是一种严重的伤害性行为，往往是以多欺少、以强凌弱，受侵害者几乎没有能力自行解决问题，因此需要父母的介入，父母应该把保护孩子免受暴力侵害当做自己的责任。父母的选择很多，既可以带孩子去找那些暴力实施者，告诉他们你的态度和他们的行为可能带来的后果，还可以去找暴力实施者的父母进行沟通协商，平静但很严肃地告诉对方父母事件的过程和结果，讲明自己的态度，取得对方父母的理解和支持，当然父母还可以与孩子所在学校的管理人员和老师沟通，争取他们的支持与帮助。

知识链接：受到暴力怎么办？

※ 如果遭遇暴力威胁或侵害，该怎么办呢？中国社会科学院新闻与传播研究所研究员卜卫给出了她的建议[80]：

1.相信正义在你一方，受到暴力不是你的错，不要因为受到暴力而感到自卑和沮丧，这是对方的错，不要害怕对方。可耻的人是欺负你的人，不是你。即使挨了打或骂，也应继续挺起腰杆做人。

2.观察一下你的环境，如果你经常受到欺负，要考虑一下谁是经常欺负你的人，为什么要欺负你，在什么情况下会欺负你，如果你有足够的准备或在家长的帮助下，去找经常欺负你的人谈话，严肃地告诉对方你不能容忍他的欺负。你不需要吵架、打架或威胁，你只要严肃地告诉他，你们是同学，需要互相尊重。（这种方法对一些人是有效的）

3.寻求父母或其他成年人的帮助。受到暴力，尤其是经常受到暴力，一定要告诉父母你的情况，还有你的屈辱的感受。受到暴力的情况应该公开出来。要知道，所有暴力或欺侮行为通常会在秘密的环境中进一步发展。如果不说出来，你会继续受到欺负，如果说出来，你是在保护你自己和别人。作为你的监护人，家长有责任帮助你。向家长介绍你的情况，一起讨论解决这个问题的办法。

4.尽量避免一个人待在有可能遭受暴力的地方。

5.寻求朋友的帮助。将你的情况和感受告诉你要好的朋友，取得他们的理解。在可能遭受新的暴力的时候，尽量与朋友们在一起，或者要求父母护送。

6.尝试在班里解决这个问题的可能，比如，在老师的帮助下，通过主题班会、队会、黑板报等形式公开讨论这个问题，联合所有受过欺负的同学讲述自己的经历，表达自己的意见，在班里形成谴责暴力的舆论。

7.如果你经常受到贬低、辱骂、起哄，尽量不表现出你的烦恼或气愤。要知道欺负你的人特别希望看到你的气恼。在遭受欺负的时候，你尽量无视他们，不要对骂，通常力量悬殊的对骂会成为对方的一种娱乐。想想你未来的目标、你的朋友们、爱你的父母以及生活中一切美好和重要的事情，将这种欺负的影响降至最小。但事后，你要解决它。

8.如果你的学校有心理咨询老师，请求他们帮助，告诉他们你的恐惧和担心，向他们讨教如何对待暴力。

9.即使在害怕的时候，也要自信地走路。

10.如果你告诉父母你正在受欺负，父母不理会你的话，请将下面的"给父母的建议"读给他们听。

知识链接：来自卜卫——给父母的建议

1.请重视孩子对你说的每一句话。从孩子的话中可能捕捉到严重影响他身心健康的信息。不要轻视孩子的话。当他（她）说出想"转学"的时候，问题就已经很严重了。

2.了解孩子在学校生活的情况，了解儿童中的暴力情况，经常与孩子讨论这个问题，鼓励孩子将自己的或朋友的情形和感受说出来。无论是本人还是朋友受到暴力，都会影响孩子的身心健康。

3. 即使孩子不谈这个问题，也要主动了解孩子在学校生活中的感受，及时帮助孩子解决问题。不要只关注孩子的成绩，更要关注孩子的情绪。

4. 当孩子向你寻求帮助的时候，记住，可能是他（她）鼓足了勇气才说出来，可能他（她）仍然受到严重威胁，所以要及时拥抱和安慰孩子，仔细听孩子诉说。让孩子觉得家庭是安全的地方，有助于他们的身心康复。

5. 孩子间的暴力不是孩子们中间的小事，不能看做儿童生活中正常的现象，不应认为自己的女孩被男同学亲了是好玩的事情，只要是非意愿的强制行为，就是对孩子人身权利的侵害。也不要认为这是儿童成长的一个必然过程，它将严重影响儿童身心健康和性格养成。要重视帮助受到暴力的孩子。

6. 不要指责孩子"窝囊"或"贱招"，即不要责备受害者。遭受暴力的孩子需要安慰和鼓励，不需要责备。责备将造成"二度伤害"。

7. 在大多数情况下，不要教孩子去报复对方，除非在遭受暴力的时候需要自卫或"正当防卫"。一次报复解决问题是电影电视中的模式，现实生活中，报复大都会带来更多的暴力。

8. 要教会孩子捍卫自己的尊严和自我保护方法，如避免一个人待在可能遭受攻击的地方、在胡同里不要靠墙根走等等。告诉孩子不要害怕打人者，人不可以因为弱小就失去人的尊严。告诉孩子父母会随时保护孩子，必要时要接送孩子或给孩子提供即时通讯的手段等。

9. 不要认为儿童的事情要儿童自己来处理。暴力是一个非常严重影响儿童身心健康的问题，况且暴力常常发生在力量悬殊的儿童中间，比如高年级孩子欺负低年级孩子等，儿童几乎没有能力自己解决这个问题。父母不能不去"干涉"。父母应把保护孩子免受暴力视为自己当然的责任。

10.在孩子遭受暴力后，父母应详细了解情况，包括谁经常欺负自己孩子、因为什么欺负、如何欺负等等。将孩子的话记录下来，然后可以带孩子或自己去找欺负他的孩子谈话，了解并核实情况。不要将欺负自己孩子的儿童当做敌人进行威胁恐吓，这是以暴制暴。要严肃地告诉对方，孩子受到的一切，是对孩子的伤害，作为父母，你不能容忍自己的孩子遭受任何形式的暴力，一定要解决这个问题；同学之间应该互相尊重，你将很高兴看到他们能够互相尊重，互相帮助。

11.必要时，也可与欺负者的父母协商解决问题。平静但很严肃地告诉对方父母事件的过程和结果，讲明自己的态度，取得对方父母的理解和支持。

12.孩子在学校里受到暴力，学校也有责任。父母也可尝试与老师协商解决问题。如果老师不太理解或不太重视，可先收集其他孩子的类似经历，写成报告，以显示出问题的严重性和普遍性，然后正式递交给学校或负责的教师。

🔫 发现女孩之八：女孩的不足

与男孩群体相比，女孩群体存在以下方面显著但微小的不足。需要特别注意的是，这种不足是指群体层面的，并不能据此判断某一个女孩在某一方面存在不足。

一、空间能力

空间能力是指从不同空间维度知觉某一现象的能力，在把一个平面图形解读为一个立体图形或者在辨别方向时，就需要这种空间能力。大多数研究者认为，男孩的空间能力优于女孩。研究者曾做过这样的实验来考察3—11岁儿童之间的空间能力差异：一杯水由垂直竖立状态倾斜50度，杯中的水平面看起来是什么样的？男孩成绩优于女孩。空间能力的性别差异在个体生命的初期就已经出现，而且贯穿整个生命全程。

与空间能力相一致的是男孩的数学能力要优于女孩。从青春期开始，男孩在算术推理测验上表现出了相对于女孩的微小但持续的优势。但是，这种优势并非是全面的优势，女孩在运算技能上比男孩强，在基础数学知识方面，女孩和男孩旗鼓相当，在数学推理、几何等方面，女孩落后于男孩。

男孩空间能力的优势可能源于男孩有一个更为发达的大脑右半球，而数学能力则与男孩的空间能力优势密不可分。

二、数学能力

研究表明，在青春期以前，男孩和女孩的数学能力没有表现出显著的差异。从青春期开始，男孩在大多数数学能力上占有优势。相对于女孩，男孩在算术推理测验上表现出微小但持续的优势；男孩掌握着更多的数学问题解决策略，因而能够在复杂的几何问题上比女孩有更好的成绩。男性在数学问题上的优势在高中阶段最为显著，有更多的男性在数学上表现出了惊人的才能。

研究也同时指出，男孩的数学优势并非全面优势，在计算技能上，女孩的表现就优于男孩。

九　女孩体质健康持续下降

女孩体质健康正在不断危机之中

2009年，上海市嘉定区对该区3116名高中女生进行了腰围、胸围、臀围、身高和体重项目的测试。测试结果不如人意：

　　◇　腰围：大于标准值4.36厘米；

　　◇　臀围：大于标准值1.54厘米；

　　◇　胸围：小于标准值2.35厘米；

　　◇　体重：大于标准值1.18公斤。

对于这个结果，有人这样评论："该大的地方不大，不该大的地方却大"，相当部分高中女生处于"亚健康水平"。

女孩体质持续下降

这不仅是一个嘉定区的特殊情况，在整个上海市，甚至整个中国，情况都差不多。总体而言，中国女孩的体质状况不容乐观。

1995—2005年10年间，7—18岁中国女生在身体素质的所有指标上均持续下降（见表4）：

　　◇　肺活量更低了；

◇ 短跑速度更慢了；

◇ 下肢爆发力更差了；

◇ 身体力量更小了；

◇ 耐力更不持久了。

表4　1995—2005年7—18岁中国女生体质变化状况

		变化幅度	变化方向
肺活量	城市女生	299 毫升	↓
	乡村女生	374 毫升	↓
速度（50米跑）	城市女生	0.27 秒	↓
	乡村女生	0.31 秒	↓
下肢爆发力（立定跳远）	城市女生	6.17 厘米	↓
	乡村女生	5.83 厘米	↓
1分钟仰卧起坐	城市女生	4.60 个	↓
	乡村女生	3.96 个	↓
耐力（50米×8往返跑）	城市女生（7－12岁）	8.43 秒	↓
	乡村女生（7－12岁）	9.48 秒	↓
耐力（800米跑）	城市女生（13－22岁）	23.25 秒	↓
	乡村女生（13－22岁）	24.13 秒	↓

注："↓"代表体质下降，"↑"代表体质上升。

以肺活量为例，与1995年相比，2005年中国女生的肺活量的下降幅度均超过10%，与1985年相比，2005年的下降幅度总体超过20%。

中国女孩体质持续落后于日本女孩

中日学生体质比较的数据表明[81]：2000年和2005年，7—17岁中国女孩在50米跑、握力和跳远三个项目上成绩普遍落后于日本女孩，中国女孩跑得比日本女孩更慢、握力更小、跳得更近。2005年中日女生体质比较的具体数据如表5①所示。

表5　中日女生体质状况比较

年龄	50米跑（秒）			握力（公斤）			跳远（厘米）		
	中国	日本	差值②	中国	日本	差值	中国	日本	差值
7 岁	11.80	11.05	-0.75	8.80	10.55	1.75	113.90	116.61	2.71
8 岁	11.00	10.45	-0.55	10.40	12.18	1.78	126.00	127.10	1.10
9 岁	10.50	9.97	-0.53	12.00	14.07	2.07	135.20	136.10	0.90
10 岁	10.20	9.53	-0.67	14.10	16.83	2.73	142.90	147.54	4.64
11 岁	10.00	9.20	-0.80	16.50	19.98	3.48	150.40	155.90	5.50
12 岁	9.80	9.01	-0.79	19.00	21.99	2.99	154.80	162.23	7.43
13 岁	9.70	8.76	-0.94	21.60	24.14	2.54	159.50	167.94	8.44
14 岁	9.70	8.76	-0.94	23.20	25.62	2.42	160.70	169.99	9.29
15 岁	9.70	8.98	-0.72	24.50	25.52	1.02	163.00	164.90	1.90
16 岁	9.60	8.96	-0.64	25.20	26.71	1.51	166.40	167.47	1.07
17 岁	9.60	8.94	-0.66	25.90	27.04	1.14	167.10	170.49	3.39

营养、贫血及视力问题突出

营养：低体重与肥胖同时并存

中国女生营养不良的比率减少了，但体重超标及肥胖状况变得严重了。1995—2005年间，7—22岁中国女生的营养状况得到较大的改善，除"中度以上营养不良"的比率稍有提升以外，"轻度营养不良"、"较低体重"的比率在降低，"正常体重"的比率在提升，这些都是好现象，但从

---

① 表中的中日原始数据来自《中日学生体质健康状况的比较及其启示》一文，在此表示感谢。

② 差值=日本数据-中国数据，由笔者根据原始数据计算得出。

根本上来说，中国女生的营养不良问题并未得到解决。2005年，城市女生的"较低体重"的检出率仍高达26.72%，乡村女生的检出率为28.43%。更为引人关注的是，超重及肥胖问题正变得日益突出，"胖妞"越来越多，形成了一个新的健康问题。

表6　1995—2005年中国女生（7—22岁）营养状况（%）

		1995 年	2005 年	变化幅度	变化方向
中度以上营养不良	城市女生	0.28	0.28	0	
	乡村女生	0.26	0.29	0.03	↑
轻度营养不良	城市女生	7.94	5.74	−2.2	↓
	乡村女生	5.41	5.43	0.02	↑
较低体重	城市女生	36.91	26.72	−10.19	↓
	乡村女生	33.39	28.43	−4.96	↓
正常体重	城市女生	47.83	53.53	5.7	↑
	乡村女生	55.65	56.61	0.96	↑
超重	城市女生	5.48	8.72	3.24	↑
	乡村女生	2.20	4.61	2.41	↑
肥胖	城市女生	2.55	5.01	2.46	↑
	乡村女生	1.09	2.63	1.54	↑

贫血

贫血状况，可以通过"低血红蛋白"进行粗略的反映与筛查。通过调查数据，我们可以看出：尽管中国女生的"低血红蛋白"检出率有了较大幅度的下降，但女生的贫血状况未得到根本性好转，2005年中国女生的"低血红蛋白"检出率仍高达15%。

视力不良

中国女生的视力问题可用八个字形容：居高不下、日趋恶化。女生

视力不良检出率呈逐年上升的趋势:

◇ 1995年,18岁组城市女生的视力不良检出率为77.90%,
 2005年上升为85.65%;

◇ 1995年,18岁组乡村女生的视力不良检出率为70.00%,
 2005年上升为79.96%;

◇ 1995年,19—22岁组城市女生的视力不良检出率为82.40%,
 2005年上升为83.48%;

◇ 1995年,19—22岁组乡村女生的视力不良检出率为78.60%,
 2005年上升为84.46%。

从小学到大学,教室里不戴眼镜的女生越来越少,戴眼镜的越来越多,教师站在讲台上,看到的是一片玻璃反光。

没有好身体,难有好成绩

体质健康与学习成绩之间存在密切的关系。要想有好成绩,好身体是本钱。美国有一项研究证实:体质好,成绩也好。

美国加州大学洛杉矶分校的麦凯西博士等人对1989名五、七、九年级学生进行了调查[2],目的是探讨体质、体重数据与加州的标准化数学、阅读与语言测试成绩之间的关系。

这项研究发现:

◇ 初高中学生在一英里的跑步/步行体质测试中,用时每多出
 一分钟,考试成绩就会下降一分以上。

◇ 将近2/3(65%)的学生没有达标。与这些体质未达标的学
 生相比,体质达标学生的平均成绩更高。

◇ 与体重正常的学生相比,超重与肥胖学生的考试成绩明显
 较低。

基于此研究结果,麦凯西博士建议学校和父母要留意体质与学习成绩之间的关系。他们认为:要充分发挥人脑功能,"最好保持健康的体质

及健康的体形"。

从这个研究中，我们不难看出，身体好和学习好并不矛盾，它们相互促进。如果没有好的体质做基础，中学时期巨大的学业压力有可能损害女孩的体质，反过来危及其学业成绩。

好体质，女孩一辈子的健康与幸福

北京师范大学体育与运动学院的毛振明教授认为体育是一种"童子功"，有些项目过了一定年龄就不可能有好的发展了，有些身体锻炼过了一定阶段，效果就没有了。

对于女孩来讲，儿童青少年阶段，尤其是青春期，是其体质形成的关键期。所谓关键期，是指在某一特定时期，某种行为或品质最容易获得，如果错过这一时期，这种行为或品质很难再获得，或者获得的程度远远低于本应达到的水平。研究指出：在关键期，体育锻炼对体质的提升最为明显，可以充分发掘个体的运动潜能。如果错过这一体质发育的关键期，将会贻误终身，即使将来再怎么努力，个体体质也很难有大的提升。打个比方：如果一个女孩的体质潜能是100，那么在儿童青少年时期进行适度的体育锻炼，她的体质潜能可能会达到90（理想状态是100，但难以达到）；如果她缺乏体育锻炼，她的体质潜能可能只有50，而且，以后再怎么锻炼，也不可能达到90的水平。

一个女孩在儿童青少年时期的体质及健康状况，必将影响到她以后的生活和职业表现。体质差，健康水平不高，抵抗力就差，容易患病，生活质量就好不了，幸福指数也高不了。在现代社会，虽然体力劳动的重要性已大大降低，但是社会的竞争程度却更高更剧烈了。社会竞争并不分性别差异，社会对男性女性的要求是同一标准。有一个好身体，才有竞争的基础。

身体是"载知识之车而寓道德之舍"。体质不行，健康有问题，对女孩来讲，不仅危害当今，而且遗患未来。

知识链接：女孩体质发展的关键期

在青少年时期，身体各项素质均有一个最快发育时期，也就是"敏感期"。关于"敏感期"，学者萨斯洛夫撰文指出[83]：

※ 在身体形态特征上，女孩的成长最快期比男孩早两年，而在性成熟时身高和体重的最快发展期女孩则要早于男孩一年或两年。女孩身体的形态特征发展最快时期在12—15岁。

※ 在力量特征上，女孩力量耐力的最大发展时期是16—18岁，速度力量的最初发展是在7—8岁，其最大发展速度，女孩在12—16岁。

※ 在耐力特征上，男孩和女孩的最大耗氧量都是随年龄的增长而提高的。有氧能力发展的最敏感时期是在性成熟时期。在12—16岁之间相应的耗氧量几乎保持不变。事实证明，青少年在12—13岁无氧耐力发展甚微，而到了16—20岁（生理成熟时期）才会有更实质性的发展提高。

※ 在速度特征上，不同运动中的速度素质发展是从7岁开始的，最快的发展提高是在14—17岁。肌肉反应速度的最显著发展是在7—11岁。其中对复杂运动顺序反应速度的发展约在11—16岁，而对运动频率反应速度的发展基本在10—13岁，且18岁之前还会继续提高。

※ 在协调特征上：在12—18岁，人体负责"运动控制能力"的神经系统的发展领先于植物功能系统，因此，大多数权威专家认为协调能力发展的最适宜年龄是在这个阶段。

差体质危及下一代中国人体质

体质危机，不仅危及女孩本人，还具有更长远的影响，因为女孩可能是将来的母亲，她们承担着家族和种族繁衍的重任。

母亲的体质及健康状况将对下一代的成长发育具有至关重要的影响。与父亲相比，母亲的体质及健康状况，对孩子的体质及健康影响更大。

孩子的较量就是国家未来的较量，孩子的隐患也是民族未来的隐患。面对新世纪的国际竞争，高分"软骨"的孩子难以担当民族振兴的重任。我们不能片面理解"体育"，实际上，体育不仅使人身体强壮，而且也是强心之育，是规则之育，是合作之育。显而易见，坚定有力地推进素质教育，把身体好确立为教育的第一目标，是保证学生体质健康的根本措施。

女孩承受着更大的学业压力

我们发现：体质本来就处于弱势的女孩正承受着比男孩更大的学业压力。

与男孩相比，女孩的体质本身处于明显弱势。男性的力量更大，速度更快，耐力更持久，这是长期自然进化的结果。但是，巨大的学业压力是不分性别的。在应试教育状态下，女孩和男孩面对的学业压力又被成倍放大，调查显示[84]：34%的中学生和19.64%的小学生感到课业负担很重，12.48%的中学生每日家庭作业时间超过3小时，1.3%的小学生每日家庭作业时间超过2小时。这么巨大的学业压力，体质更为强壮的男孩都难以承受，男孩的体质健康已受到严重损害，对于体质本身处于弱势的女孩来说，其遭受到的损害性影响无疑更为巨大。

与男孩相比，女孩还承受着更大的学业压力。由于在就业方面存在的性别歧视，现在的女孩为了获得同样的就业机会，需要表现得比男孩更优秀，需要表现出更高水平的学业成就。我们的研究表明，从小学到中学再到大学，女孩学业成就均显著优于男孩，这其中当然有应试教育不利于男孩的一面，但这也是女孩这个群体付出更多的学习时间、更加努力的结果。研究也证实了我们的推论：中学女生做家庭作业的时间多于男生，大学女生的出勤率、用功时间均显著超过男生。

女孩的体质本来不如男孩，而学业压力又比男孩更大，因此巨大的学业压力对女孩体质的损害更大。而且，与男孩不同，进入青春期的女孩还要面对周期性的月经，每个月她们有一周左右的时间处于失血状态。在月经来临时，女孩应该多注意休息，但是巨大的学业压力让她们无暇休息，女孩的身体正因此承受更大的危害。

知识链接：中国男生的学业成绩落后于女生

2010年1月，孙云晓、李文道等人合作出版的《拯救男孩》一书指出：从小学到大学，男生学业成绩全线落后于女孩，呈全面"阴盛阳衰"态势。其中有两组数据较为引人关注：

※ 1999—2008年高考状元的数据。数据统计表明：高考状元中男生的比例由66.2%下降至39.7%，女生的比例则相应由33.8%上升至60.3%。文科高考状元中，男生的比例由1999年的47.1%降至2008年的17.9%，女生则由52.9%增长到82.1%。高考理科状元中，男生的比例也在逐年下降，1999年男生占到86.1%，到2008年这一比例已经下降到60.0%，而女生理科状元则相应地由13.9%增长到40.0%。

※ 2006—2007年度、2007—2008年度国家奖学金获奖者的数据。数据统计表明：2006—2007年度，在50000名获奖者中，男生只有17458人，男女生比例为1:1.86。2007—2008年度的情况也差不多，男女生获奖的比例为1:1.88。统计分析还显示：不管是部属大学，还是省属大学，不管是重点大学，还是一般大学，男生获国家奖学金的比例全面落后于女生。

女孩的体育锻炼更为缺乏

体育锻炼是增强体质、提高健康水平的主要途径，在儿童青少年时期，科学合理的体育锻炼将会为一个人一生的体质及健康打下良好的基础。中小学生也认同这种观点，调查显示[85]，60%以上的中小学生认为体育锻炼不足导致身体不好。

体育锻炼对男孩女孩都很重要，但与男孩相比，女孩的体育锻炼更为缺乏，这主要反映在体育锻炼时间和对体育锻炼行为上。

女孩的体育锻炼时间少于男孩。以17岁男女生为例，女生的锻炼时间少于男生[86]：

◇ 每天锻炼时间少于0.5小时的，男生占32%，女生占38.6%；

◇ 每天锻炼时间为0.5—1小时的，男生占43.5%，女生占42.8%；

◇ 每天锻炼时间为1—2小时的，男生占18.1%，女生占15%；

◇ 每天锻炼时间为2—3小时的，男生占4.4%，女生占2.7%；

◇ 每天锻炼时间3小时以上的，男生占1.9%，女生占1.1%。

女孩对体育锻炼的行为表现也差于男孩。在7岁组男女生中[87]：

◇ "因没有养成习惯而不积极参加锻炼"的女生为63%，男生为55.1%；

◇ "因怕累而不积极参加锻炼"的女生为59.5%，男生为55.1%；

◇ "因为太累而不喜欢长跑"的女生为82.2%，男生为78.8%。

有些女生往往会以月经为借口逃避体育课，逃掉了本来就很少的锻炼机会。

与男生相比，女生的体质本来就处于弱势，而体育锻炼时间少于男孩，对体育锻炼的行为表现又差于男孩，这正反两方面的对比，加剧了女孩体质及健康状况的危机，女孩的体质状况更为令人担忧。

不当节食及减肥

进入青春期以后，随着女孩体内脂肪的迅速增多，女孩体形会日渐丰满，这是为女孩将来承担生育做准备，但是，在不合理的社会期望下，许多女孩对自己的身材具有不合理的期望，期望不切实际的消瘦与苗条。

针对脂肪的增加，许多青春期女孩的第一反应往往是减肥。在许多情况下，由于减肥教育的缺失，女生的减肥和节食并没有科学合理地进行，她们容易听信一些减肥机构的不当宣传以及减肥广告的误导，急于求成，单纯通过节食和服用减肥药来保持体形。2005年一项对中国女大学生的减肥调查表明[88]：由于不当的减肥，46.5%的减肥女大学生称，体质大不如从前，有不少学生出现怕冷、双腿浮肿、便秘等现象。

这对青春期女孩危害甚大，因为她们正处于身体迅速发育的时期，需要大量的营养物质，因营养不良而导致的体质下降和健康问题将对其终生的体质及健康产生影响。

提高女孩体质——拯救女孩的五个建议

建议一：转变观念：体质健康对女孩很重要

中国女孩的体质健康状况不佳，主要是后天的环境和教育导致的，家庭教育和学校教育对此负有不可推卸的责任。许多父母，过分关注女孩的学习成绩，而忽视了她们的体质及健康。许多父母和学校都"急功近利"，只关注女孩现在的成绩表现，而没有意识到体质及健康对女孩的长远影响。正是在父母和学校的影响之下，许多女孩也不关注自己的体质健康，浑然不知体质孱弱的长期影响。鉴于此，提高女孩体质，要从转变观念做起，要让父母、学校和女孩都认识到体质健康的重要性。

第一，最重要的是，要把女孩体质的重要性放在女孩终生幸福的战略地位上。父母要切实认识到体质不佳、体弱多病对女孩未来的生活与职业、健康与幸福的深远影响，并在实际的教养活动中，把女孩的体质健康放在重要的位置上。

第二，父母要意识到儿童青少年时期是女孩体质增强的关键期。关于这一点，我们再重复一次，所谓关键期，是指在某一特定时期，某种行为或品质最容易获得，如果错过这一时期，这种行为或品质很难再获得，或者获得的程度远远低于本应达到的水平。如果在青少年时期不注意女孩的体质发展，将来想弥补，将变得难上加难，甚至不可能了。俗话说："过了这个村，就没有这个店了。"当父母或者女孩本人长大以后，认识到体质是多么重要，后悔都来不及了。

世界卫生组织（WHO）总干事马勒博士的一句话："必须让人们认识到，健康并不代表一切，但失去健康，便丧失一切。"这句话，应该成为女孩父母的共识，也应该成为女孩们的共识。

建议二：树立健康新理念

什么是健康呢？按照世界卫生组织的定义，健康是包括生理健康、心理健康和社会适应正常的综合概念。中国工程院院士、中华医学会会长钟南山认为，没病不等于很健康。青少年不能仅仅追求没病，因为体质健康与身体健康是两个概念。身体健康，是指各器官都没有病痛；而体质包括体格、体能和适应能力等几个方面。

体质是健康的基础与保证，一个健康的女孩，应该是体质与健康俱佳的女孩，没病只是最低层次的要求，远远不能满足21世纪对人的发展的要求。

建议三：父母要学会给女孩"减压"

应试教育所造成的过高学业压力是女生体质健康危机的最重要的原因，过高的学业压力极大地压缩了女孩的运动时间与空间，并直接导致其体质下降，健康出现问题。因此，切实减轻女生的学业压力应属当务之急。

父母不能改变学校应试教育的现状，但父母可以改变自己的做法。父母可以选择：在学业压力已经危及女孩体质及健康的情况下，是给女孩"加压"还是"减压"？父母的选择对女孩真的很重要。

在养育女儿的过程中，我（孙云晓）有一些切实的体会：

像很多父亲一样，我也觉得女孩子会弹钢琴是一件很优雅的事，就在拿到第一本书的稿费时，倾其所有，给5岁的女儿买了一架钢琴。天真好奇的女儿，紧张又兴奋地跟着老师练习着。可短暂的欢喜之后，女儿却再也不想练了。面对女儿的选择该怎样面对？是逼迫女儿坚持还是任由她放弃？坚持，是不是意味着对女儿的不尊重？放弃，又会不会在"尊重"的幌子下，助长女儿半途而废的坏习惯？

我发现女儿学钢琴，开始很开心，越学越害怕，越学越紧张，因为老师要求的进度很快，她跟不上，她妈妈就逼着她练，女儿坐在琴凳上手都发抖。

在这种情况下，我只对女儿说了一句话："不想学就不学了，以后你想弹的时候再弹吧。"就这样，女儿放弃了短暂的学琴生涯。因为我当时就觉得，不能让孩子因为学习钢琴的压力形成一种自卑的心理、一种恐惧的心理，这样对孩子发展没有什么好处。

女儿大学毕业后，我和她聊起当年学钢琴这个话题，女儿表示不后悔当初的放弃，她说当时就是体验不到快乐，如果非要学下去的话，一定会有很多的折磨，从而加深她痛苦的体验。她有她自己的选择，比方她选择了做小记者，当少年报的小记者，当学校广播站的记者。后来，真的走上了新闻记者的道路。

我特别想给父母们一个忠告：你要了解你孩子的智能特点，这非常关键。天才就是选择了适合他的道路，蠢材就是选择了不适合他的道路。作为父母可以让孩子多种机会尝试，不以成败论英雄，但是你要发现你孩子到底喜欢什么、适合什么。采取一种扬长避短的发展方法，一种策略，是非常非常有利的。

一旦这个道理想明白了，我看待女儿的角度也不一样了。我不是很在乎女儿的成绩，女儿的成绩可以给我看，也可以不给我看。我一直认为，孩子的学习兴趣和习惯比学习成绩更重要。

我有时候出差，跟女儿打电话，我说闺女，这次怎么样，考试紧张吗？她说，老爸你可得有点心理准备，我这次考试可能有一门课不及格。我说没关系，你很努力了嘛，考两门课不及格也没关系。虚心请教一下老师，找找原因，可以赶上去。在我看来，女儿是在一种非常努力的状态中了，但学习还是上不去，这个时候做父亲的策略就是绝不吓唬孩子。

假如我要是说不得了了，怎么能不及格呢，不及格就完了，那我女儿可能就真完了。我说没关系，不要有那么大负担，就是让孩子走进考场的时候，一定是轻松地走进考场。

比方说，考大学的时候我女儿很紧张。我说没关系，你能考上个大专吗？我女儿一愣，大专还考不上啊，你太瞧不起我了。我说能考上大专就是成功，咱先报两个大专，就做好去上大专的思想准备，读了大专之后将来可以专升本，没问题。

女儿松了一口气，没有太大的压力之后，她反而觉得要自己为自己负责。她有她的愿望，就是我不光要读一个大学，还要读一个城市，她想到上海去，去读复旦大学。

为了女儿的这个愿望，那年的春节，我让妻子带着女儿去了一趟上海，亲眼看看她心目中的复旦大学是什么样儿的。女儿在复旦校园里拍了很多照片，还拍了一张自己背着书包站在复旦门口，回家冲洗出来后，放在相框里摆在桌子上天天看着，这就是她自己的目标了。

但是，女儿一模成绩出来就哭了，那个成绩只能上一个普通的本科。我说这是成功啊，比预想的好多了。这说明你很有希望，还有上升的空间，为了自己的梦想好好努力。我女儿后来考试的时候，真是让我们想不到，女儿高考成绩比一模成绩上升了100分，考上了她理想的复旦大学社会学专业。

建议四：均衡饮食

女孩的体质及健康状况不佳，营养状况不良，这与饮食营养密不可分。明代著名医学家李时珍曾说："饮食者，人之命脉也。"人类的生命维持、工作和思维都依赖饮食所提供的营养物质。健康饮食是保证合理营养的惟一途径。饮食科学与否直接影响到一个人的体质与健康状况。世界卫生组织近年对影响人类健康的众多因素进行了评估，结果表明膳食营养因素的影响远远高于医疗因素的作用。

儿童青少年时期的女孩正处于身体快速发育的时期，在这一时期，儿童的身体发育很快，身高和体重增长迅速，逐渐接近成年人，机体各系统器官也逐渐发育成熟。他们所需的能量和各种营养素的数量相对要比成年人高。如果饮食不合理，营养摄入不均衡，就会发生营养问题，最终影响其体质健康状况。

如何均衡饮食？下面几点是对女孩父母的建议：

第一，指导女孩制定营养食谱。父母可以跟孩子一起购买或借阅一些与均衡营养有关的图书，也可以上网查找一些相关的资料信息。父母可以根据"中国居民膳食宝塔"的要求指导孩子的饮食。这个"宝塔"要求每个人每天都要摄取一定量的各种营养物质。有条件上网的父母，可以跟孩子一起浏览"中国营养学会"的网站（http://www.cnsoc.org），了解有关儿童膳食营养的相关问题。父母根据这个"宝塔"或者其他饮食健康书籍，制定女孩的营养食谱，保证各种营养物质的足量摄取。在制定营养食谱时，父母还要注意到女孩身体发展的特点，如青春期时，因为周期性的失血，要多食用一些补血的食品。

第二，最重要的是，要吃好一日三餐。首先，要特别重视女孩的早餐。营养学认为早餐提供的热量应占全天总热量的25%—30%，而且早餐营养的缺失很难通过午餐和晚餐来弥补。其次，要吃好午餐。许多营养专家认为，午餐是一日三餐中最重要的一餐，它在一日三餐中为整天提供的能量和营养素的比例都是最高的，高达40%。午餐对孩子在一天中体力和脑力的补充，起到承上启下的作用。最后，告别"补偿式"晚餐。一般情况下，现在的晚餐成为孩子最丰盛的晚餐，父母希望孩子将早餐和午餐中缺失的营养补充回来。从营养学角度来说，这种"补偿式"晚餐是不可取的，晚餐吃得过多会影响孩子第二天早餐的食欲，还会导致孩子的肥胖以及加重消化系统的负担而引起胃肠疾病等等。父母应注意：晚餐"丰盛"可以，但晚餐所摄取的热量和营养物质不要超过全天供给量的30%。

建议五：加强体育锻炼

毋庸置疑，缺乏足够的体育锻炼是女孩体质健康的直接杀手。体育锻炼对于身体正在迅速发育成熟过程中的女孩具有重要意义。

毛泽东早在1917年就指出"无体，是无德智也"，他主张人应当"文明其精神，野蛮其体魄"。我国著名教育家斯霞曾为我（孙云晓）手书赠言："德育不好是危险品，智育不好是次品，体育不好是废品。"

体育锻炼最大的功能是提高女孩的体质，为其一生的幸福打下良好的生理基础。体育锻炼对女孩体质具有多方面的好处：

♀ 体育活动有助于女孩骨骼肌肉等运动系统的发展与完善，提高女孩心血管系统的机能。有资料显示，一般人每次脉搏输出量为70—90毫升，经常锻炼的人为100—120毫升。良好的体质可以帮助女孩适应越来越激烈的社会竞争，巾帼不让须眉，成为生活的强者。

♀ 体育锻炼能很好地促进女孩的神经系统（特别是大脑）的机能，体育与智育是可以相互促进的。体育锻炼可以改善神经系统的机能，使人的头脑清醒、记忆迅速、思维敏捷。

♀ 体育锻炼，有助于提高女孩的自尊水平。体育锻炼不但有助于体质与健康，降低女孩身体中的脂肪水平，而且有助于提高其自尊等积极心理品质。心理学研究发现[89]：中学时期参与体育运动与大学时的自信有明显的关系，参与体育活动越早、越广泛的女生在大学时的自我价值水平越高。

♀ 体育锻炼可以很好地满足女孩对美的追求。体育锻炼可以有效地促进女孩身高的增长，经常参加体育锻炼的学生与其他同龄人相比，身高平均高4—7厘米。体育锻炼还有助于女孩完美体形的塑造，体育锻炼所塑造出来的美才是真正的自然美、健康美。

知识链接：体育锻炼的"FIT"原则

※ 如何有效、合理、科学地开展体育锻炼呢？父母可以跟女儿一起制订她的体育锻炼计划，确定每周的锻炼次数及每次运动的持续时间。一般可以按照"FIT"原则设计体育锻炼计划：

◇ "F"代表频率（Frequency），指每星期应该运动多少次。

◇ "I"代表最佳的运动强度（Intensity）。

◇ "T"代表时间（Time），即每次运动应该持续的时间。

※ **频率**：一般来说，孩子每星期至少需要运动四次。这样可以使人的身体活动量超过生存的需要，而少于四次意味着健康水平没有实质性的提高。

※ **强度**：运动过度或运动不足效果都不好。什么样的强度才是适宜的运动强度呢？一般可以采用目标心率（心跳次数）的方法来确定最佳运动强度。目标心率是指运动时能给个体带来最大好处的心率。目标心率的计算公式如下：

※ 目标心率（每10秒）＝（220－孩子的年龄）×70%/6

※ 公式的分子部分即是每分钟的目标心率。之所以除以6，是因为在测量心率时，只需要数10秒即可。10秒以后，心率

就会恢复到正常状态。

※　为了确定是否已经达到你的目标心率，可以先运动20分钟，然后测一下手腕或喉结部位的跳动次数。

※　如果心率超过了目标心率，或者累得喘不过气来，那么说明运动强度过大了，应该放慢运动速度。

※　如果心率小于目标心率，那么说明运动强度过小，应该加快速度再重新测一次。

※　如果心率恰好等于或接近目标心率，那么这就是最佳心率，以后保持这一强度即可。

※　时间：为了使身体运动带来更多的好处，每次至少要将心率保持在目标心率左右持续运动20—30分钟。那种剧烈运动，歇一会儿，再剧烈运动一会儿，再歇一会儿的做法并不符合不间断原则。一旦开始运动，你就不要停下来，不要间断，大约持续半个小时左右。在运动前花几分钟做做热身，在运动后用几分钟放松放松。

在进行体育锻炼的过程中，要注意以下三个原则：

全面性原则。体育锻炼的目的，是促进身体的骨骼、肌肉及身体内脏器官的生长发育，发展匀称丰满的体形。因此，身体的每一个部分都要得到合理的锻炼，上下、前后、大小肌肉都要得到均衡的锻炼。

循序渐进原则。锻炼时要做到由慢到快，由小负荷到大负荷，由短距离到长距离，内容由少到多。在具体操作上可以遵循10%原则，即每周的运动强度、运动量或持续运动时间的增加不得超过前一周的10%。

针对性原则。要针对女孩的生长发育阶段进行锻炼，不同时期体育锻炼有不同的锻炼目标，比如在少年儿童时期，腿部的长骨正处于生长期，加强下肢骨的锻炼，可增加高度和腿的长度。还要针对女孩自身的特点进行锻炼，如肺活量不够，那么就可以通过跑步来提高孩子的肺活量，要在增强体质的基础上"缺什么补什么"。

父母认识到体育锻炼很重要相对容易一些，但做起来并不容易。父母要率先做好女孩的榜样，从女孩喜欢的体育项目入手来提升她们的运动兴趣，吸引她们喜欢上体育锻炼，并最终养成运动的习惯。

☞ 发现女孩之九：女孩不同于男孩的特点（一）

女孩的某些特点，既不能说是女孩的优点，也不能说是女孩的缺点，它们只是女孩不同于男孩的特点而已。

一、安静

早在胎儿时期，女孩的身体活动就比男孩少，女孩更安静一些；在整个童年期，女孩的活动水平持续低于男孩。女孩喜欢的游戏往往是安静型的，她们喜欢那些能够增进群体亲密关系的玩具。

二、服从

从学前期开始，女孩对于父母、教师和其他权威者的要求，比男孩更为顺从。当希望他人顺从自己时，女孩一般会采用机智、礼貌的建议，而男孩更多地借助于命令或控制性的策略。

美国研究人员曾调查了20个由学生策划的未遂校园枪击案的案例[90]，其中有18个案例都是知悉此事的女孩提前报告了校方或其他成年人。研究人员认为：女孩往往从成人的视角看形势，而男孩首先忠诚于其他男孩。

心理学博士里奥纳多·萨克斯认为，女孩更顺从，是因为她们喜欢和大人拥有同样的目标和价值观，而男孩不是，他们很少对大人的目标和价值观产生共鸣，而更倾向于做一些违法行为。

美国一些心理机构的调查发现，女生能够更好地理解教师的意图，更好地配合、服从。而男生则显得更加反对权威，喜欢争吵和冒险。

三、游戏风格

1952年，著名心理学家埃里克森就发现女孩总喜欢把积木堆成圆形的城堡，而男孩则用它来搭建楼房和火箭[91]。

在小学阶段，女孩喜欢发展两人间的亲密关系，而男孩的游戏伙伴群体规模更大，男孩在游戏中也更容易发生冲突[92]。

著名女性心理学家吉利根的研究表明[93]，男孩子玩耍的游戏常常比女孩的游戏更复杂，每一个参与游戏的人都在不同的层面上扮演不同的角色，发挥不同的作用。女孩子的游戏相比之下则没有那么复杂，参与者基本上总是做着相同的事情。男孩子的游戏持续时间也比女孩子长得多，而且常常是不同年龄的孩子共同参与游戏。

美国学者布伦达研究发现[94]：与男孩相比，女孩们更喜欢社会交互性游戏。她们也更喜欢语言游戏，因为女孩的语言能力发展较早，她们期望在游戏中成功地使用已掌握的语言。女孩也玩暴力游戏，但她们的目的不是杀人，而是希望了解这些人为什么被杀、怎么会被杀。在游戏中，她们期望得到一种解决问题的方式。

十　女生就业受歧视

受歧视的女生就业

曾流传着这样一则有点搞笑的网帖：

在回答用人单位"谈恋爱了吗"的问题时，某女大学生称：我的EQ（情商）很低，对男孩子没感觉。所以，5年内保证不恋爱；5年后万一不慎恋爱了，保证5年内不结婚；5年后万一不得不结婚了，保证5年内不生孩子；5年后万一不小心必须生孩子了……那应该是45岁以后的事了，你们可以考虑辞退我了。

这则网帖当然有很大的夸张成分，但它既诙谐又酸楚地指出了一个事实：有些用人单位在录用员工时存在性别歧视——"宁要武大郎，不要穆桂英"。

在就业时，女生往往面临着许多看得见或看不见的歧视，有些单位明确要求"只要男生"，有些单位则更隐蔽一些，说得很模糊，但往往隐含着这样一些信息：同等条件下，他们会优先录用男生。有一些女生对就业竞争力排了一个顺序：男硕士、优秀男本科生、女硕士、女本科生……

175

"赢在考试输在就业"

从幼儿园开始，到小学、中学，甚至大学，女生的学习成绩明显优于男生，以我国最高水平的国家奖学金为例，2006—2007年、2007—2008年两个年度，男女生获奖比例接近1∶2，高考状元中，女生比例也远远高于男生。目前，女大学生已撑起高校的半边天，大学校里一片姹紫嫣红。但是，这些学业优秀的女生在就业时却往往屡遭挫折，在学业征程的终点上，她们遇到了各种有形无形的障碍。有些用人单位明目张胆地告知：只要男生，女生免谈；而有些用人单位则提出了苛刻的条件——聘用期不得怀孕生育。这让她们步履蹒跚，莫名其妙地输给那些远不如她们的男生，而这一切的原因可能仅仅因为她们是"女生"。

女大学生就业受到不公正对待，各种各样、有形无形、正当的不正当的因素在阻碍她们的就业之路，她们也在不断谋求"出路"：

"曲线就业"

面对激烈的就业竞争以及各种性别歧视，有些女生无奈之下，只好选择"曲线就业"，把重心转移到找一个男朋友、好老公上，这被女生们戏称为找一张"长期饭票"。她们寄希望于钓到一个"有车、有房、有钱"的"金龟婿"，下半生吃喝无忧。工作嘛，对她们来说已不重要。她们放弃了对独立的追求，选择了依赖别人去寻找幸福。

"打包就业"

有些企业虽然不太愿意招聘理工科女生，为了留住优秀男生，愿意同时招聘其女朋友，以解决"家属问题"，以便让男性员工更愿意把根留住安稳工作。这种就业形式被称作"打包"。许多女生表示，其实被"打包"实属无奈之举。

考硕读博

因为就业困难，更多的女生选择读研究生深造而推迟就业，暂时逃避就业。近些年，女硕士和女博士的数量迅速攀升，女生考研率持续走高，背后的重要推手之一就是就业。就业虽然推迟了，但将来的就业仍然是她们绕不过的一道坎。由于就业形势持续恶化，研究生毕业后的就业不见得比当初好。

真实的数据

2010届大学生月度跟踪调查显示：截至2月底，2010届毕业生中女生的签约率为21%，男生为29.5%。女生签约国企的比率以及女生在国企、民企方面的月薪和专业对口率等都低于男生。在已签约的毕业生中，男女生月薪平均最大差距为563元，女生的专业对口率低12个百分点。民企方面，2010届已签约女生的平均月薪比男生低370元，女生的专业对口率也低12个百分点。在国企方面，女生的平均月薪低357元，专业对口率低14个百分点。这次调查由专业的教育调查机构麦可思公司公布，调查回收有效问卷6.4万余份，其中本科生3.5万份，专科生2.9万份，应该说具有很强的代表性。

2007年，劳动和社会保障部对62个城市的调查显示，有67%的用人单位提出了性别限制，或明文规定在聘用期不得怀孕生育；80%以上的应届毕业女生在求职过程中遭遇过性别歧视。

2004年，对厦门大学2002届1068名本科毕业生的调查发现：在控制其他影响因素的情况下，男大学生的就业机会要比女生多出14%。

2003年，云南省妇联、云南省社科院等部门合作的一项专题调查显示：大部分学生投入在找工作上的时间为正常学习时间的30%—70%，女生花在找工作上的时间远远多于男生，但结果却是男生就业率为35.5%，女生仅为17.5%，男生就业率是女生的2倍。

性别歧视在作怪

在传统的劳动力市场上，存在着"重男轻女"的歧视思想，认为女性的劳动能力要低于男性。在过去以体力劳动为主的时代，这种想法有一定道理，毕竟女性的体力普遍比不上男性。今天，体力劳动的重要性已大大降低，知识经济已逐渐占据统治地位，一个人的劳动能力不再取决于体力的大小，而取决于智慧的高低，在智慧方面，男女两性是不分高下的。但是，"重男轻女"的歧视思想仍然具有较为强大的惯性，仍在支配着某些人的思想，一定程度上导致了女生容易在市场上受到歧视。

女生背负更高的生育成本

女生在找工作的过程中，经常被问及婚育问题，一些用人单位明确要求"×年之内不得结婚生子"。用人单位，尤其是企业单位，以营利为目的，考虑到用人成本，往往会把生育成本这种"性别亏损"计算入内。在接受记者采访时，一位企业的人力资源部门负责人曾毫不避讳地说，经期、孕期、产褥期、哺乳期等"四期"增加的企业成本是女大学生就业难的重要原因。企业计算得很清楚：

> 单位招聘一名大学应届生，基本需要培养2至3年才能成熟，这时女本科生大多到了二十四五岁，女硕士生已二十七八岁了，接下来就是结婚、生育，而孕期、产褥期、哺乳期基本需要2年时间，企业大概有3到5年时间只有投入没有回报。而一些技术更新比较快的行业比如软件开发等，5年的时间早已更新换代好几轮了，女员工还要再培训才能适应新的工作要求。

当然还有其他一些客观因素共同导致女生就业易受歧视。我们关注这些客观因素的存在，但我们更为关注的是女孩自身存在的一些因素，还有家庭教育方面存在的一些原因，因为这些是父母和女生有能力去改变的。

女生自身因素："三怕"

与男生相比，女生在就业方面往往有"三怕"：

怕不稳定

许多女生都希望能找一份稳定的工作。全国妇联的调查显示，47.3%的女大学生首选党政机关、事业单位和国有企业等稳定职业，对工作地点的选择倾向于大城市、离家近等。有一些女生，一入大学，就把考公务员作为自己的主要目标，而这个目标99%的情况是不切实际的。以2009年中央国家机关公务员考试为例，最终通过报考审查的人数达104万余人，各职位平均竞争比例为78∶1，相较于2008年的60∶1有大幅度的增长。其中一个职位——中国残疾人联合会组联部基层组织建设一职，有4723人报考，成为本次考试第一抢手职位。求稳定，说明女生缺乏开拓意识，说得透彻一些，是保守，在这个竞争日趋激烈、强调创新的时代，用人单位自然不愿意考虑这样的女生，可能没到最后一个环节，她们就会被"过滤掉"。

女生求稳定，其实许多女生父母也是这么希望的，女生的这种求稳倾向，与父母的影响有一定的关系。

怕吃苦

找一份"轻松"的工作是许多女生的梦想。许多父母也不希望自己的女儿吃苦。2009年9月7日下午，武汉大学校长顾海良与千余新生父母面对面交流，在提问环节，现场出现了耐人寻味的一幕：一位来自广东的母亲拿到话筒后竟先低声抽泣起来。随后这位母亲哽咽地说出了她流泪的原因："为什么不能给寝室装上空调?"她介绍道："我的小孩从出生就有空调吹，没想到考上了大学，宿舍里竟然连空调和卫生间都没有。今天我去宿舍看了，这种住宿条件太恶劣，孩子受罪，我也心疼!"这位母亲还有更"雷人"的语言："我女儿身体里的每一个细胞都需要空调!"这位母亲还进一步提出，如果学校不能给她的孩子安排一个条件更好的宿舍，那就请把孩子调到一个"能分到好宿舍的专业"。

这则新闻当初被戏称为"空调门事件"。空调门事件属于个案，但也能反映出部分女生父母对孩子的溺爱与过度保护。事后，我（李文道）问过几个还在做人力资源的朋友，他们都觉得这位母亲的说法有点"搞笑"，并认真地告诉我：如果这样的女生前来求职，他们会毫不客气地"枪毙掉"。用人单位的逻辑是这样的：单位不是"养人"的，是"用人"的。

父母愿意"富养"，不愿让女孩吃一点点苦，但是没有一个用人单位愿意"富养"，用人单位希望用最小的代价换取最大的利益。父母自小不愿让女孩吃一点苦，到找工作就业时，女孩注定是要吃大苦头的。没有一个用人单位愿意录用一个不愿吃苦、不能吃苦的大学生，不管是男生，还是女生。

怕出差

在面试时，很多用人单位都会很自然地问一个问题："能出差吗?"很多女生往往面露难色，或直接或委婉地表示希望能找到一份不太需要出差的工作，这样的女生会大大降低自己被录用的机会。对用人单位来说，"怕出差"，一是说明怕吃苦，二是反映了独立性差，缺少独立工作的能力。不能独当一面，时时处处需要他人提供保护，用人单位是不喜欢这样的女生的。

现在社会是一个流动性很大的社会，社会分工和经济全球化使出差成为"家常便饭"，即使是公务员，也时不时需要出差，不需要"出差"的工作越来越稀少了，没有哪个用人单位敢保证某个职位不需要出差。

帮助女生成功就业——拯救女孩的五个建议

建议一：帮助女孩认识：考试成绩≠就业竞争能力

为什么许多女生"赢在考试输在就业"？这固然有性别歧视的因素存在，但有一点可能被忽视了，那就是"考试成绩"并不能直接与就业能力画等号，也不能直接与毕业后的成就画等号。高考状元可以说是考试成绩最好的群体，如果考试成绩等于职业成就，那么他们毫无疑问就是"职场状元"，事实却并非如此。

2007年中国校友会网大学评价课题组推出了《中国高考状元职业状况调查报告》，在考察了1977—1998年我国各省市自治区高考状元的职业状况后，得出一个结论："考场状元"并未成为"职场状元"。高考状元高考成绩突出，大学期间学习能力也十分突出，但其职业发展并不理想，职业成就远低于社会预期。

中国校友会网大学评价课题组首席专家、中南大学蔡言厚教授指出，在目前我国主流行业的"职场状元群体"中难觅高考状元的"身影"。他表示，通过核查2007年中国高校杰出校友排行榜的杰出人才后发现，在杰出企业家中没有一位是高考状元；而在学术领域，通过调查中国两院院士、外国两院院士、长江学者和长江学者成就奖获奖人等专家名单，均没有出现高考状元的名字，同样在杰出政治家中也没有出现高考状元的影子。对于其中的原因，借用云南师范大学青年学者冯用军的解释："文凭不等于水平，学历不等于能力。学历只能证明你接受过高等教育，能力怎么样，要靠到社会上去打拼和实践来证明。"

教育上的"第十名"现象也说明考试成绩与职业成就不能相提并论。杭州市一位名叫周武的小学教师根据20余年的教学经历，用10年的时间，对1987—1997届的700多名小学生做了跟踪调查，发现了一个"耐人寻味"的"第十名现象"，即前三名之后、第十名前后直至20名的学生，在后来的学习和工作中却非常出色，而那些当年学习成绩特别靠前的优秀学生，长大后在职场上却表现平平，甚至在升学和就业等方面饱受挫折。

在生活和工作中，那些在学校时成绩不怎么样的学生，到工作岗位上却表现得非常出色，这些现象都说明了考试成绩不等于职业竞争力。

因此，父母及女生本人都要明白一个道理：学习成绩好并不能换来一份好工作，考试成绩好并不能代表就业的竞争力。考试与职场的要求是不一样的，游戏规则也是不同的。与单纯的考试成绩相比，用人单位更为看重一个人的就业能力。女生应该在关注学习成绩的同时，想办法切实提高自己的就业竞争力。

建议二：认清自身优势，切勿妄自菲薄

在职场上，女生其实是有自己的职业优势的，只不过这一点被许多女生所忽视，她们的父母可能也没有意识到这一点。

2008年发布的《上海大学生就业问题研究》显示，用人单位对女大学生的满意度已经超过了男大学生。在世界范围内，女企业家、女性管理者的表现都越来越令人赞叹。美国妇女商业研究中心甚至做出预测，一个世界范围内的女性创业时代正在来临。

2010年4月，复旦大学发布的2009年《就业白皮书》就指出[※]："女生比男生更吃香"，除了博士生以外，在其他各学历层次毕业生中，女生的就业保持一定的优势，尤其是本科生中，女生的就业率（94.44%）比男生的就业率（89.80%）高出了4个百分点。据了解，这种"复旦本科女生比男生吃香"的情况，已经延续了好几年。在2005年，这种优势曾达到近5个百分点。

下面就是一个女生成功就业的案例[※]：

182

近日，武汉理工大学华夏学院大四女生马芮收到了广州一家知名化工公司的正式录用通知。当初在招聘会上，她曾被招

聘人员以"限招男生"为由明确拒绝。

"那是去年11月7日，在华科大校园专场招聘会上。"马芮回忆道，"我对该公司的市场营销岗位非常有兴趣，但招聘要求上却注明'限招男生'。"马芮走上前递上简历，果然被一口拒绝。"限招男生可能有你们的理由和考虑，但这个岗位女生完全可以做，请至少给我一个陈述的机会。"马芮侃侃而谈，用自信和坚持打动了对方，成功递出了简历。在随后5轮面试中，马芮从2000多人中脱颖而出，成为惟一入选的女生。最终，赢得了一份实习期月薪就达3000元的工作。

"某些公司的招聘条件并非雷打不动，也用不着望而生畏。"谈起求职感受，马芮表示，自信和韧劲很重要，如果当时自己和别的女生一样看到"限招男生"的字样就走开，就不会有后面的机会了。

因此，对于女生来讲，切勿妄自菲薄，更不能因为一时的就业歧视而自暴自弃，而要充分认识到知识经济的到来，体力的重要性已大大降低，而女性的特点，如人际关系协调、沟通、情感等成为就业市场的竞争利器。

知识链接：20世纪是女性崛起的世纪

※　2000年，美国方言学会把"她"（SHE）字推选为"21世纪最重要的一个字"，认为21世纪是一个女性崛起的世纪。在21世纪这个知识经济越来越占据主导地位的时代，竞争的方式将不再是工业文明时代的体力，而更多地表现为策划、推广、沟通、联络、互动、服务、协调……而女性特有的敏感、细腻、灵活、韧性、关爱、注意力等优势，将大显身手。

※ 管理大师彼得·杜拉克曾预言：知识性的工作将跨越性别的界线，工作性质将由重视体力向重视智力转变。《未来男性世界》所言："在职场上，技术第一次使得男性的睾酮所催发的肌肉优势开始变得不那么重要，继而变成了无关紧要，现在甚至成了一个缺点。随着以服务和理念为主要内容的网络经济不断崛起，人际关系和完成多重任务的能力成为职场必备，而这些都是女性的专长。"

建议三：主动弥补女生的劣势与不足

女孩在就业市场有很多优势，当然也有一些不足。我们在前面提到许多女生工作求稳定、怕吃苦、独立性不够等等，都是阻碍她们顺利就业的因素。

有人说，这个世界上，惟一不变的就是变化。在这个变化日益剧烈的世界，职业世界正变得越来越复杂，职业发展演化速度日益加快，个人的职业稳定性变差，社会的职业流动性加剧，稳定的工作机会正变得越来越稀少。父母必须清楚地认识到，过去那种为一个单位工作一辈子的职业方式已经结束了。现在的女孩，必须具有适应未来社会变化的能力，把职业变化看做一种正常的职业现象。

女孩怕吃苦、独立性不够，往往都跟父母的教育有直接关系。女孩在生理上处于弱势地位，因此父母很容易对女孩进行过度保护，无意识地变相剥夺了女孩承担风雨、经受磨练的机会，使女孩对生活和职业中的困难产生畏惧心理。父母要做的，是把生活中的历练机会还给女孩，做她们的坚强后盾与支持者，但绝不能代替她们成长。

建议四：引导女孩了解真实的职业

现在中国的教育有个很大的问题，就是学校教育与现实生活严重脱节。在漫长的中小学期间，学生几乎完全都在忙于学习各门功课，学校不关注他们未来的职业发展，父母也缺少这种意识。因此，中国的学生从小就对外面的职业世界所知甚少，而一旦到了大学阶段，又迅速要求他们做出职业选择，这使许多大学生无所适从，只好盲目选择，无疑增加了就业的难度。

2010年暑假，我（孙云晓）在日本生活了一个月，发现日本中学生假期最热门的事情，就是职业体验活动。在学校的支持下，许多中学生到企业或医院或各类服务机构去体验。我到东京荒川区教育局了解到，这是一个全国性的安排，初中二年级的学生，都要安排4天以上的时间进行职业体验。据说，韩国的职业体验活动更为规范和普及。在美国，学校会鼓励父母开展一些帮助孩子了解职业世界的活动，比如让孩子跟父母工作一天，借此了解真正的职业生活是什么样的。还有些学校开展"职业日"（Career Day）活动，学校邀请某一行业的工作人员到学校给学生们讲解这个行业的工作特点。

在中国，鉴于学校很少组织这样的活动，父母就有必要做一些特别的活动让孩子了解各种职业。父母要鼓励孩子走出校园，了解外面更广阔的职业世界。在此过程中，她们会对某些职业表现出兴趣，父母要有意识地引导这种兴趣。特别是当女孩对一些"非女性"的职业（如工程师、机械师）产生兴趣时，父母要学会保护她的这种职业兴趣。在这种情况下，父亲的角色对女孩对抗职业偏见与歧视更有作用。

这种兴趣不一定会成为她最终的职业选择，但这种兴趣对女孩认识职业世界是很有价值的。当她们最终做出职业选择时，这种认识会帮助她们更理智地做出选择。

建议五：培养独立而自信的心理品质

2001年，我（李文道）曾在一家国内知名的IT公司做过一段时间的招聘工作，招聘过一些应届毕业生，也去过一些大型招聘会招收IT新人。

在面试时，我曾遇到过有父母陪伴去面试的女大学生，她自己不急不慌地坐等着，父亲和母亲两人去前台打听面试安排。面试时，我先问了她一个问题："你是怎么过来的？"她很自然地回答："爸妈打车送过来的。"她接着解释道："我不认识路，这个地方太偏了，爸妈怕不安全，担心我走错了，耽误了面试。"这个女生给我们留下的第一印象就不算好：一个20多岁的北京女孩，面试还需要父母陪同，我们怎么能相信她能干好工作呢？万一需要她出差怎么办？尽管她的专业条件看起来还不错，最终还是决定不予录用。

去招聘会招聘时，遇到更多类似的情形，爸爸或妈妈陪着女儿，甚至还有全家齐上阵、爷爷奶奶爸爸妈妈一起帮女孩求职递简历的情形。遇到这种情况，大多数招聘人员会礼貌地收下简历，但一般会特别注明"父母陪同"四个字，有些招聘人员会直接把这些简历扔掉。即使这样的女生有机会接受面试，她们的独立能力在面试时也往往被"特别关照"，结果也往往证明她们缺乏必要的自立能力。

女孩在成长过程中，特别是就业竞争过程中，千万不要妄自菲薄，一定要自信。当然，这种自信应该是建立在对自己的职业优势与不足的充分了解与把握基础之上的。在成长的过程中，父母不妨引导女孩去了解自己的优势及不足——SWOT分析，即通过分析自己的优势（Strengths）、劣势（Weaknesses）、机会（Opportunities）和威胁（Threats）来充分地了解。

自信是女生最好的竞争力。现在，一些用人单位正在逐渐转变观念，用人单位也愿意录用那些自信的女生，录用那些个人素质与实践经验俱佳的女生。有记者对浙江宁波多所高校200多名女大学生的调查表明[9]："性别壁垒"不是女生就业主要障碍的想法，已成为宁波女大学生的一大共识。她们认为，影响自己就业的因素和男生是一样的，依次为"所就读学校"、"个人能力"、"求职技巧"、"所学专业"、"个人学习成绩"和"社会关系"。

女孩父母从小就要引导女孩认识到：在21世纪，男性的传统优势（如体力）已经越来越不重要，而女性特点（如细腻、灵活、关爱等）以及女性优势（如沟通、协调、联络、合作等）随着信息社会的到来正变得越来越重要，21世纪将成为一个女性在职业世界大放异彩的世纪。

☞ 发现女孩之十：女孩不同于男孩的特点（二）

与男孩相比，女孩在冒险精神和攻击性方面存在独特之处，这使得女性是一个更加安全的性别，这也使女孩在成长过程更加顺利。

一、冒险

心理学研究表明，在出生后的第一年，女孩在陌生情境中显得更为恐惧和胆怯，她们比男孩更为谨慎和犹豫，冒险活动也远远少于男孩，而男孩在陌生情境中就表现得比女孩更加大胆，更愿意探索未知的世界，对新鲜事物更加好奇。

加拿大心理学家巴巴拉·莫伦基罗的研究指出[98]，男孩和女孩对于危险行为有不同的看法，在面临潜在的危险时，女性往往会认真考虑自己会不会受伤，从而不会贸然向前，而男孩子经常低估危险，甚至意识不到危险的存在，即使意识到有一定危险，他们也会选择去尝试。

利希特·彼得森的研究发现[99]，女孩比男孩要胆怯得多，她们在骑车时刹车动作做得更早一些。男孩从错误中学习的速度也要慢一些，往往以为自己受伤是"运气不好"引起的，下次可能会好一些，而且认为留下伤疤是很"酷"的事情。

二、攻击性

女孩的攻击性远远低于男孩。研究表明：从两岁时开始，男孩的身体攻击和言语攻击就都多于女孩；在青少年时期，男孩卷入反社会行为和暴力犯罪的可能性是女孩的10倍。下面是关于攻击性性别差异的四个研究[100]：

第一个研究要求孩子们劝说他们的朋友吃味道极差的饼干，如劝说成功则给予奖赏。男孩子和女孩子都接受了这一挑战。女孩子在劝说时充满了歉意（是别人要我做的，不是我自己故意的），不会直接说谎去骗，而且愿意和朋友患难与共，帮她吃一点那块难吃的饼干。男孩子会面不改色地使用撒谎等欺骗手段。如果欺骗不成功，男孩就会采取威胁等手段，强迫朋友吃。研究者总结说：女孩就像保险公司的推销员，男孩子则像二手车贩子。

第二个研究是拍摄孩子们看电视时的反应。结果发现暴力镜头一出现，男孩子的眼睛就会为之一亮，脸上发光，他们对暴力情节也比女孩子记得多、记得牢。

第三个研究是探讨在假设的冲突情境下男孩和女孩会如何反应。结果发现69%的女孩选择离开是非之地，或用非攻击性方法来应付这种场面，而同样比例的男孩选择了打架或对骂。

在第四个研究中，一些两岁的孩子在与玩伴玩耍时，偶尔听到成年人之间的争吵，女孩子往往表现出害怕、胆怯的反应，如吓呆或掩面；而与之相反，男孩子则表现出攻击性，甚至向同伴吼叫。

给一个山村女孩的信

（报告文学）

孙云晓

清桃：

你好。请原谅，拖了这么久才给你写信。其实绝不是不想动笔，恰恰相反，因为那次偶然相遇，你给我留下了极深的印象。可由于当时太匆忙，许多话没有来得及说，我一直想静下心来，好好给你写一封信。

现在，我终于推开了缠在身上总处理不完的杂事，提笔给你写信了。

一

清桃，还记得我们的相识吗？

那是盛夏的一个傍晚，对吗？那时候，我们的车子路过你们的村庄。你的家乡依山傍水，真美啊！也许你会说："那当然，闻名中外的九寨沟，不就在我们村西的那道山里吗？"是的，我们正从那里出来，没有一个人不被那仙境般的景色所陶醉。有位名人说："不到九寨，枉活一生。"这话，我们全信。

可是，坦率地讲，你给我们的第一印象，并不算好。

那天，你是怎么啦？跟一群香港来的游客争吵得那么凶！你本是个挺秀气的小姑娘，却蓬头垢面，穿的一件小碎花的褂子划破了几道口子，又脏又湿的裤子挽到了膝盖以上。在那群孩子里面，你根本算不上个大的，可充当了"首领"。

恰好那个时候，因为车子要加油，我们闲着没事，一直在听你们争吵。这你没注意到吧？东一句西一句地听下来，争吵的原因大概是那些港客为你们拍过照，却没有信守诺言，把照片给你们，对吗？于是，你们怒了。见他们欲乘车逃走，竟折下长长的柳枝做长矛，从车窗口狠命地捅他们。你们大获全胜，他们吱哇乱叫。

我们当然不赞成你们的这种举动，但是，还是可以理解你们的：谁让他们说话不算话呢？

令人大惑不解的是，你率领部下胜利归来，竟朝我们发起了进攻！你，挥动柳条，狠狠地抽打着一位戴墨镜的中年男子，一边抽还一边辱骂着："一只大肥猪！"

看着那意外的场面，我惊呆了！真不敢相信，一个秀气的山村小姑娘，竟会做出如此粗野无礼的举动！虽说是夕阳西下的时候，终归是在光天化日之下，是在众人面前，你就一点顾忌也没有？清桃，我真不明白，你这样做是为什么？你和他素不相识，更无仇恨可言，怎么上手就打呢？你知道，他是谁吗？他是共青团中央的一位书记，一位藏族干部。当然，这绝不是说，因为他是领导才不应该打，即使换上任何一个人也是不该打的。

可你继续抽打着，叫骂着，他默默地忍受着。清桃，你可知道？他曾是个出色的猎手，如果碰到一头野牛，也不会不知所措的。可眼下袭击他的，是比他的女儿还小的你呀。而且还是他工作的对象哪！

我看不下去了！向你招招手，主动同你攀谈起来，当然也冒着被你和你的部下攻击的危险。不过，我不是书记，如果遇到攻击，我至少会自卫的。还好，咱们是对话，没有动武。

记得，你当时的口吻并不友好，问："你从哪里来？"听我回答"北京"之后，你的部下、一个扎辫子的女孩说："噢，外国的。"我至今还记得很清楚，你不满地瞪了她一眼，是嫌她的无知给你们丢脸吧？你马上大声纠正说："北京，中国的首都！"也许是为了进一步证明你很知道这一点，你紧接着问我："你见过邓小平吗？"我愉快地回答了你。可你似乎已完成了对这个问题的注意，突然问我："你有媳妇吗？"这真让我莫名其妙。

告诉你一个秘密吧，就从那个时候起，我决定对你多做些了解。为什么呢？因为你的行为太反常了，我隐隐约约地感到，你生活得一定不那么简单，不然，怎么解释你的性格和行为呢？这是个谜，它吸引着我再次走近你。于是，我问你的名字和你在哪儿读书、几年级等等。你顺口回答："郭韩双，安乐小学六年级。"我信了。最后，我试探性地问道："我到你家去一下好吗？"这是我真诚的愿望，但我预感到不会有好的结果。果然，你放肆地说了句："我带你到茅房去！"便哈哈大笑起来，然后，回头一招手，率领部下扬长而去。

这就是咱们的第一次相遇，对吗？

二

清桃，你知道吗？那次我们只是路过你们县。计划已定，仅在你们的县城住一夜，次日清晨将继续赶路。可是，一种神奇的力量驱使着我，甚至像火一样燃烧着我的心，使我不去访问你就片刻不宁。

你也许会感到惊奇，我怎么会那样快就找到了你？其实，这应当问你自己。

在县城三口两口地吃过晚饭，我便找到了你们的毛校长。说起你告诉我的姓名和年级，他直摇头，说："我们学校不大，学生我都认识，没有名叫郭韩双的。"于是，我把傍晚发生的事情讲了一遍。毛校长听了哈哈大笑，击掌断定：是你——三年级的韩清桃！哦，清桃，你骗了我，可我已经顾不上责备你，我只是想快些见到你。于是，我们借了两辆自行车，蹬起来便走。

还记得吗？我们的第二次见面，是在公路边，是在天已经黑了的

拯救女孩

时候。

你正在路边弯着腰割草，那个说北京是"外国"的女孩是你的伴。毛校长喊了你俩。那个女孩一见是我，双手抱着镰刀，抽抽噎噎地哭了起来，一副"知罪"的样子。其实，我根本没有讨罚之意，再说，又有什么罚可讨呢？

你比她沉着，不动声色，轻轻咬着嘴唇，眼珠转得挺快，不知你当时在想什么。"清桃带路，到你们家去。"听着校长的吩咐，你骑上自行车，带着那个泪流满面的女孩，驶在前面。你个子小，只好用叉腿的方法骑车子，一左一右，一上一下，很费力的样子，但你倒挺有信心，一直往前驶去。

进村了。在一棵大槐树下，毛校长诧异地喊你："清桃，你家不是在村西头吗？怎么朝东拐呢？"你没有停脚，甚至也不回头，自豪地回答："到新家去！"校长不放心，又问："新家不是没盖好吗？""快了！"你这样回答着，骑得更快了。

新家到了。记得，那是一座木结构的二层楼房，很气派，但的确尚未盖好。两个小伙子正抢着大锤，当当地敲打着足有二寸厚的门槛呢。进门的路，被横七竖八的木料挡着，你指挥着我们爬过去，进到一间基本修好的屋子，把我和校长让在沙发上，开了灯。转眼，你就不见了。

一会儿，你回来了，小心翼翼地走着，两只手里各端一杯热茶，递给我们。这茶好烫。校长笑着问："从哪儿弄来的？"你说："家里。"那显然是指旧家了？那么远，又这么难走，这么烫的茶水，真不知你是怎么端来的！我没看见你的手掌，但我相信，它一定被烫红了。

你坐在没有铺盖的木板床上，低着头，掰弄着自己的手指。从傍晚到现在，我第一次见你低下头，那么文静，那么拘束，让人很难想象得出，两三个小时前，你曾那样放肆，那样野蛮。

一段沉默，一段无声的交谈。一段心与心的友好交谈。于是，我们都变得轻松了起来。你抬起了头，向我讲起你的家庭、你的生活。

我这才知道，你是超负荷地生活着呀！早晨要上山放牛放马，然后上学；放学，要到河里淘沙卖钱，再去割三大背筼草（约九十斤）；晚上，把牛和羊牵回家，还要喂它们，并给猪煮食。当然，作业也不允许少写一个字。

我突然明白了，傍晚的时候，你为什么把又湿又脏的裤腿挽到膝盖以上。在那之前，你一定是站在奔涌的河水里，用铁锨挖着沙子。然后倒进箩筐里，用尽全力地来回淘着。我见过那条河，水流湍急，甚至令人生畏。在那样的河里，能站稳就不容易了，还要挖沙和淘沙，你，一个12岁的女孩子，怎么承受得了，然而，这仅是你每天繁重劳动中的一项！

我也理解了，在和那群港客争吵的时候，甚至向我们那位藏族书记袭击的时候，你，为什么会那样疯狂，那样不可遏止。你是在发泄自己内心久久积存着的烦闷，你是在排解自己被重压着的痛苦！这烦闷和痛苦，使你失去理智，使你蔑视礼貌，使你变成了另外一个人。可当你静下来的时候，你对自己的鲁莽之举，又隐隐感到惭愧，努力补偿，就像现在这样。

清桃，我觉得就在这个时候，我们才真正地相识了。你说是吗？

三

清桃，还记得那个有趣的插曲吗？咱们在静静地交谈着，门和窗子吱吱地响了起来。是耗子？不，你和我都明白，屋外聚满了好奇的孩子。

我知道，你不希望他们进来，这也许是我来访的原因决定的。因此，你冲他们使眼色，示意伙伴们别来凑热闹。

校长嘻嘻地笑着解释说："山村的孩子没见过记者，新鲜！"听了这话，你看了我一眼，像是征求意见似的，然后哐啷一下推开了门，大声说："都进来吧！"

好家伙，一下子拥进十多个孩子，连狗儿、猫儿也摇着尾巴进来了。孩子们推推搡搡，朴实、憨厚地笑着。有个男孩还端着大海碗，哧溜哧

拯
救
女
孩

194

溜地吃着面条呢。

说真的，我还从未当着这么多人采访一个孩子呢。我担心，你不会再讲心里话了。

"你们这儿有电影看吗？"我找了个容易活跃气氛的话题问道："天天晚上都有呢！"你的伙伴们兴奋地回答着。我知道了，你们乡的电影放映机承包给个人了，所以，天天晚上放，而且放得很晚，你也因此而得到了一点点享受。

奇怪的是，你的伙伴们包括那些女孩子，最喜欢看武打片。有个女孩嘻嘻地笑着，透露了你的一个秘密："清桃会武功呢！"我更惊奇了，你不但爱看武打片，而且学习武打。小时候，我也曾学过几套拳，所以，问你会哪些拳路？你没有回答，却立即亮出一个金鸡独立抱拳俯身的动作，伙伴们哄地笑了起来，你这才不好意思地收了拳式。

我问："还有谁跟你练？"你一跺脚，指着女孩群中一个个子挺高的姑娘，说："喏，张振英，她是第二个。"那个张振英脸一红，猫着腰溜出去了。咳，溜什么？敢于表现自己的本领，有什么不好？不敢出头"逞能"，并不是一个人的优点。

真是奇中有奇。那个端着大海碗吃面条的男孩，用袖子擦擦嘴巴，透露了你的另一个本领："清桃还敢骑马呢！"我不由得对你刮目相看了。因为，几天前在阿坝的时候，我骑马摔过一跤，至今还心有余悸呢。你却很平淡地说："放牛要走很远的路，慢慢走就耽误回来上课了，必须骑马。"

我的眼前浮现出一幅英雄式的画卷：清晨，弯弯的山路上，一个女孩骑在一匹大白马上，嘚嘚地飞一样奔驰。那高高的马背，时时把你颠起来，可你稳稳地照样落在马鞍上，并挥动着鞭儿，催着自己的坐骑再快一些。你是少先队中队长，从不想最后一个进入课堂……

根据亲身的体验，我敢断定，为了学会骑马，你一定吃了不少苦头。马是那么高大，你是那么矮小，你一定被摔过很多次吧？可你不会屈服的，因为你一旦决定学骑马，就非学会不可！不是吗？你偷偷学会骑自行车的那段曲折故事，早已证明了这一点。

当你骑在那匹大白马上，也许是你最幸福的时刻了吧？你，一个12岁的山村女孩，也能像影片中的侠女一样纵马飞奔，能不自豪吗？那马儿驯服地驮着你，你不感到一种征服者的快乐吗？我真羡慕你啊，清桃！

"客人在哪儿呀？"随着一声喊，原来是你的妈妈来了。她显然是辛苦了一生哪，那么黑，那么瘦，那么苍老！

我对她说："你们的新房，盖得真阔气呀！"她听了豪爽地哈哈大笑，挥着手，说："共产党好，邓小平好啊！感谢，永远感谢！"

你妈妈热情地请我去吃饭。其实，我已经吃过了，但我还是毫不犹豫地答应了。因为我想看看你的家，看看你12年来生活在一个什么样的环境里。

四

记得从你家的新房出来，已是9点多了。山区的夜，笼罩着小小的村庄，漆黑一片。你搀扶着你的妈妈，在前面走着，我和毛校长在后面跟着。

一会儿，你又不见了，等再见到你的时候，你牵着那匹大白马，与我们同行，说要把它牵进马棚里去。那马儿显然跟你极熟，很亲昵。借着某家射出的灯光，我模模糊糊地瞧见，它用脸蹭着你的胳膊，而你也温存地抚摸着它的鬃毛，像一对老朋友在互相安慰着。

清桃，你的旧家，光线实在太暗了！那是两间不大的草房吧？里间是睡觉的土炕，兼存放粮食和农具，外间让锅灶占去近半，余下的是吃饭的地方。那屋梁和墙壁早已被炊烟熏黑，加上灯泡的瓦数太小，整个屋子像弥漫着烛光般的雾。但是，一想到你们很快将迁入宽敞明亮的楼房，真替你们感到舒畅啊！

那天晚上，吃的是酸面条。照你们四川人的习惯，浇上一大勺辣子，通红通红的，大概只有勇士才敢吃吧？我发觉，你并没有准备吃饭，坐

196

拯救女孩

在墙角的小凳子上，像只安静的小猫。我奇怪地问："清桃怎么不吃？"你妈妈挥挥手，说："小孩子不饿，不用管她！"

我一下子明白了，什么不饿？这是老规矩，不许女孩与客人同桌吃饭！在我的山东老家也是这样的，不要说女孩子，就是女主人也不能上桌。如果换在平时，我作为客人也许不会说什么。可是那天，我分明已经知道你度过了何等劳累的一天，熬到这会儿，我仿佛听得见你那饥肠辘辘的声响，怎能无动于衷呢？我对你妈妈说："她不吃，我们也吃不下呀！"直到看着你吃下那一大碗红面条，我的心才略略平静了一些。

你知道吗？清桃，那天晚上，最让我难过的还不是这件事。临别了，我感慨地说："新房盖好后，你们全家该过过明亮的日子了。"谁知，你的妈妈说："那新房子是给三个儿子的，俺老两口还住这儿。"我一惊，脱口问："清桃呢？""女儿离不开娘，当然跟着我住。"你妈妈十分平静地这样回答我。

清桃，这一定也是让你最失望的一件事了吧？我当时看得清清楚楚，听了这句话，你眼睛中的光亮骤然黯淡了。这在我的心里也引起一阵痛楚。几个小时前，你不领我们来这儿，却执拗地带我们去新房。你虽然没说一句喜欢新房的话，可那从心里溢出来的兴奋，不更让人难忘吗？我知道，在这抑制不住的兴奋里，显露出你对新生活的追求和喜悦。

可是，你家的最高权威却宣布，它不属于你。

这两间草房太黑了，可你将继续住在里面，继续承担那繁重的劳动。关于这些，我说不出什么安慰你的话，只觉得这种状况应当改变，应当快些改变，快些给你光明，给你快乐。

我们起身告辞了，怀着深深的惆怅。

五

清桃，那夜能平安归来，真得感谢你啊！

记不清当时是几点了，出门来，天地之间黑得如同一座无边无际的墨池。我和毛校长推着车子，深一脚浅一脚地走着，心中一点底也没有，仿佛那黑墨已淹到了胸口，憋得喘不过气来，并且随时都有被彻底淹没的危险。

你们的毛校长虽然常来这里，也从未这么晚行路，心虚之状不在我之下。他嘱我不要骑车，怕万一摔到路边的大沟里。可是离县城足有七八里路，一步步地要走到什么时候啊？但又别无他计，只好这样磕磕绊绊地往前走。

忽然，身后亮起一闪一闪的灯光，并响起一阵急促的脚步声。我们正觉得诧异，那亮光已经到了眼前。啊，是你，清桃。

借着手电筒的亮光，我看到了你额上沁出的汗珠。也许，你为追上了我们感到高兴吧。你笑了，这是一个真正的小姑娘的笑，甜美，善良，真诚。你还有些气喘吁吁地解释说：

"这是到同学家借的，人家睡了，只好等一会儿，就来晚了。"

当时，你非要把我们送到村口。天实在太晚了，我本想坚决地拒绝，但是，又很想再同你说上几句话，就同意了。然而，一时又不知该说些什么，很想说些安慰和鼓励的话，但自己首先就怀疑这话里含有虚伪的成分。你面对的生活是严峻的现实，任何离开现实的话都是无济于事的。就这样，竟默默地走到了村口！今天回想起来，我真恨自己的无能啊！

我们深怀歉意地要把你送回家，因为我们三个人仅有一只手电啊。可你一转身就不见了。隔了好一会儿，才从远处传来一个快活的声音："再见——"

靠着你带来的光明，我们坦然地骑上了车子，顺利地返回了县城。第二天清晨，我们便离开了尚在沉睡中的南坪县。

清桃，你相信吗？从那一天起，我一直在思索着和你说几句什么话，我总感到这是我的一种责任。但是，始终是回忆多于回答。

在我记忆的荧光屏上，最清晰、最动人的画面，依然是你骑着那匹高大的白马，在弯弯的山路上疾驰的情景。我仿佛时时能感到嘚嘚的马蹄声和疾驰带起的风，它撞击着我的心灵，使我亢奋，使我坚定。

拯救女孩

在这封长信就要结尾的时候，我突然悟到，你自己的奋斗不已经做了最好的回答吗？生活本身就像一匹烈马，当你是弱者的时候，你是无法驯服它的；相反，当你是个强者的时候，你是能够驾驭它的，最多不就是摔几跤吗？况且，你已经尝试过了呢。

清桃，我说得对吗？等着你的回信。

写于1987年秋北京

给一个山村女孩的信

参考文献

1 钟微子等：《680名高中女生痛经状况及相关因素分析》，《中国校医》，2009年第4期。

2 迈克尔·格里安：《女孩是天赐的》，辽宁教育出版社，2003年。

3 西尔维娅·施奈德：《阳光女孩：给父母的女孩教育手册》，湖北长江出版社，2006年。

4 西尔维娅·施奈德：《阳光女孩：给父母的女孩教育手册》，湖北长江出版社，2006年。

5 郑新蓉：《性别与教育》，教育科学出版社，2005年。

6 张文新：《青少年心理发展》，山东人民出版社，2002年。

7 张文新：《青少年心理发展》，山东人民出版社，2002年。

8 西尔维娅·施奈德：《阳光女孩：给父母的女孩教育手册》，湖北长江出版社，2006年。

9 西尔维娅·施奈德：《阳光女孩：给父母的女孩教育手册》，湖北长江出版社，2006年。

10 迈克尔·格里安：《女孩是天赐的》，辽宁教育出版社，2003年。

11 张田勘：《解析大脑的性别》，《中国妇女报》，2004年7月13日。

12 胡玉华：《大脑左右半球的性别差异》，《北京教育学院学报》，2002年第9期。

13 胡玉华：《大脑左右半球的性别差异》，《北京教育学院学报》，

2002年第9期。

14　胡玉华：《大脑左右半球的性别差异》，《北京教育学院学报》，2002年第9期。

15　劳伦斯·斯腾伯格著，戴俊毅译：《青春期》，上海社会科学院出版社，2007年。

16　张文新：《青少年心理发展》，山东人民出版社，2002年。

17　Michael，R. T.，Gagnon，J. H.，Laumann. E. O.，& Kolata，G.（1994），Sex in American，Boston：Little，Brown.

18　张文新：《青少年心理发展》，山东人民出版社，2002年。

19　迈克尔·格里安：《女孩是天赐的》，辽宁教育出版社，2003年。

20　D. M. Buss，R. J. Larsen，D. Westen，J. Semmelroth.（1992）. Sex differences in Jealousy：Evolution，physiology，and psychology. Psychological Science.

21　拉里·谢弗等：《普通心理学研究故事》，世界图书出版公司，2007年。

22　劳伦斯·斯腾伯格著，戴俊毅译：《青春期》，上海社会科学院出版社，2007年。

23　《10％的中学生已有性行为，绿色通道救助怀孕少女》，http：//news. sohu. com/2003/12/02/13/news216361395. shtml.

24　内部资料：《中国性健康教育纲要试行版（草案）》。

25　杨雄：《青少年性行为"滞后释放"现象》，《中国性科学》，2008年第1期。

26　《我国女孩青春期提前3. 3岁　发育太早对孩子不利》，《健康博览》，2009年第6期。

27　苏珊·吉尔伯特：《男孩随爸，女孩随妈》，中信出版社，辽宁教育出版社，2003年。

28　Kraemer S，The Fragile Male，British Medical Journal，2000年。

29　里奥纳多·萨克斯：《家有男孩怎么办》，中国青年出版社，2009年。

30 群芳：《男孩女孩用不同大脑区域处理语言信息》，《科学时报》，2008年3月11日。

31 苏珊·吉尔伯特：《男孩随爸，女孩随妈》，中信出版社，辽宁教育出版社，2003年。

32 郑鑫：《孩子，你为何爱上节食》，《饮食科学》，2010年第3期。

33 邓晓娟等：《广州市中学生减肥行为及其相关因素分析》，《中国学校卫生》，2007年第6期。

34 邓晓娟等：《广州市中学生减肥行为及其相关因素分析》，《中国学校卫生》，2007年第6期。

35 女大学生减肥调查：《八成女生认定身材关系前途》，http://news.sohu.com/20051129/n227623622.shtml.

36 黄虫：《女大学生饥饿减肥自断生育路》，《饮食科学》，2003年第9期。

37 容小翔：《少女闭经祸起过度减肥》，《中国食品》，1998第3期。

38 西尔维娅·施奈德：《阳光女孩：给父母的女孩教育手册》，湖北长江出版社，2006年。

39 西尔维娅·施奈德：《阳光女孩：给父母的女孩教育手册》；湖北长江出版社，2006年。

40 David R. Shaffer著，邹泓等译：《发展心理学》，中国轻工业出版社，2005年。

41 顾玉清、田野：《法国立法禁止"以瘦为美"》，《人生与伴侣》（月末版），2008年第7期。

42 陈鲁豫：《陈鲁豫·心相约》，长江文艺出版社，2003年。

43 栾习芹：《名模之死引发"讨瘦风潮"》，《世界文化》，2007年第3期。

44 《对女孩有负面影响 美议员建议禁售芭比娃娃》，http://sci.ce.cn/kjsh/200903/06/t20090306_18411124_1.shtml.

45 栾习芹：《名模之死引发"讨瘦风潮"》，《世界文化》，2007年第3期。

46 Elliot Aronson等著，侯玉波等译：《社会心理学》，中国轻工业出版社，2005年。

47 庞超：《英国中小学男生学业成绩相对落后问题透析》，《外国中小学教育》，2007年第10期。

48 苏珊·吉尔伯特：《男孩随爸，女孩随妈》，中信出版社，辽宁教育出版社，2003年。

49 苏珊·吉尔伯特：《男孩随爸，女孩随妈》，中信出版社，辽宁教育出版社，2003年。

50 周华珍：《初中生异性交往困惑及原因分析》，《青少年研究》，2004年第1期。

51 彭泗清：《对"青春期"异性交往的八种误解》，《中国青年研究》，2010年第1期。

52 徐岫茹：《跨进神秘的青春期大门②：为青春期的异性交往开"绿灯"》，《中国健康月刊》，1997年第7期。

53 吴磊：《青少年异性交往心理问题及教育对策研究》，西南师范大学硕士论文，2003年。

54 Kraemer S，The Fragile Male，British Medical Journal，2000年。

55 刘毅：《变态心理学》，暨南大学出版社，2005年。

56 王建平：《变态心理学》，高等教育出版社，2005年。

57 劳伦·B.阿洛伊著：汤震宇、邱鹤飞、杨茜译，《变态心理学》，上海社会科学院出版社，2005年。

58 王建平：《变态心理学》，高等教育出版社，2005年。

59 里奥纳多·萨克斯：《家有男孩怎么养》，中国青年出版社，2003年。

60 阿妮塔·伍德沃克著，陈红兵等译：《教育心理学》，江苏教育出版社，2005年。

61 佐斌：《小学语文课文内容的社会心理思考》，《教育研究与实验》，1998年第1期。

62 史静寰：《教材与教学：影响学生性别观念及行为的重要媒介》，《妇女研究论丛》，2002年第2期。

63 史静寰：《教材与教学：影响学生性别观念及行为的重要媒介》，《妇女研究论丛》，2002年第2期。

64 庞超：《英国中小学男生学业成绩相对落后问题透析》，《外国中小学教育》，2007年第10期。

65 David R. Shaffer著，邹泓等泽：《发展心理学》，中国轻工业出版社，2005年。

66 丹·金德伦：《照亮男孩的内心世界》，上海教育出版社，2007年。

67 丹·金德伦：《照亮男孩的内心世界》，上海教育出版社，2007年。

68 孙云晓主编：《独生子女教育启示录》，江苏教育出版社，2009年。

69 张莹：《群体效应视角下的女生校园暴力分析》，《消费导刊》，2008年8月。

70 赵莉：《初中女生受欺负特点及相关因素的研究》，首都师范大学硕士论文，2004年。

71 张文新等：《中小学欺负问题中的性别差异的研究》，《心理科学》，2000年第4期。

72 温蕊：《校园女生暴力事件频发有三大诱因》，《北京科技报》，2006年3月15日。

73 西尔维娅·施奈德（德）著，曾汉泉等泽：《阳光女孩：给父母的女孩教育手册》，湖北教育出版社，2006年。

74 张莹：《群体效应视角下的女生校园暴力分析》，《消费导刊》，2008年8月。

75 张莹：《群体效应视角下的女生校园暴力分析》，《消费导刊》，2008年8月。

76 孙立梅：《"女当男养"造就"暴力女"，"熊姐们"很暴力也很孤单》，《新闻晚报》，2009年10月31日。

77 David R. Shaffer著，邹泓等译：《发展心理学》，中国轻工业出版社，2005年。

78 温蕊：《校园女生暴力事件频发有三大诱因》，《北京科技报》，2006年3月15日。

79 李文婷：《女生群体暴力行为之研究》，中国政法大学硕士论文，2008年。

80 孙云晓、卜卫主编：《独生子女教育启示录》，江苏教育出版社，2009年。

81 周爱光、陆作生：《中日学生体质健康状况的比较及其启示》，《体育学刊》，2008年第9期。

82 《体质好的学生学习成绩也较突出》，《21世纪》，2010年第4期，转引自2010年2月26日路透新闻网。

83 F. Suslov，刘继领译：《青少年身体素质发展的敏感期》，《中国体育教练员》，2006年第1期。

84 中国学生体质与健康调研组：《2005年中国学生体质与健康调研报告》，高等教育出版社，2007年。

85 中国学生体质与健康调研组：《2005年中国学生体质与健康调研报告》，高等教育出版社，2007年。

86 中国学生体质与健康调研组：《2005年中国学生体质与健康调研报告》，高等教育出版社，2007年。

87 中国学生体质与健康调研组：《2005年中国学生体质与健康调研报告》，高等教育出版社，2007年。

88 《女大学生减肥调查：八成女生认定身材关系前途》，http://news.sohu.com/20051129/n227623622.shtml.

89 David R. Shaffer著，邹泓等译：《发展心理学》，中国轻工业出版社，2005年。

90 里奥纳多·萨克斯：《家有男孩怎么养》，中国青年出版社，2003年。

91 麦克·汤普森、泰瑞莎·巴克：《家有男孩——男孩成长的话题》，中国宇航出版社，2005年。

　　92　张文新：《儿童社会性发展》，北京师范大学出版社，1999年。

　　93　戴特·奥藤：《男性的失灵》，重庆出版社，2008年。

　　94　孙云晓主编：《学会求知》，北京出版社，2006年。

　　95　张骞：《复旦大学本科女生就业比男生有优势》，http://news.qq.
com/a/20100428/001663.htm

　　96　谈海亮等：《"限招男生"？不信这个邪！》，《楚天都市报》，2008
年4月13日。

　　97　《寻找工作，女孩你需要自信》，http://news.cnnb.com.cn/system/
2006/06/21/005129849.shtml.

　　98　杜布森：《培养男孩》，中国社会科学出版社，2007年。

　　99　杜布森：《培养男孩》，中国社会科学出版社，2007年。

　　100　《脑内乾坤——男女有别之谜》，上海译文出版社，2003年。

《拯救女孩》后记

孙云晓

  《拯救女孩》是读者的命题作文，也是我们的倾情奉献。

  2010年，我们合著的《拯救男孩》荣获《中国教育报》最佳图书奖。同时，在《中国教育报》等8家媒体的共同推荐下，经过18万网友投票支持，入选国家新闻出版总署"2010年大众喜爱的50本图书"之一。

  在《拯救男孩》成为社会广泛关注的话题的同时，许多女孩的父母提出了恳切的要求，希望我们写一本《拯救女孩》，因为他们发现女孩教育同样困惑多多。于是，我们开始了对女孩问题的专门研究。

  其实，我对女孩问题的关注与对男孩问题的关注同样漫长。自1980年起，我一直跟踪采访一些女孩，至今已经长达30多年。我发现，女孩子乖巧伶俐成熟较早，但她们的问题也更复杂而隐蔽。男孩子的问题是表面的，女孩子的问题是深层的。男孩子像一条河，女孩子像一口井。所以，女孩教育比男孩教育要困难得多。

  2010年暑假，应中央电视台子午书简栏目组的邀请，我和首都师范大学的性教育专家张玫玫副教授担任嘉宾，连续做了18期青春期性教育节目，探讨许多女孩问题。我说起某妇产科医生每年至少做200例未成年女孩的人工流产手术，张玫玫教授告诉我，北京一个女中学生一年做了6次人工流产。当然，不能把这些责任简单地归咎于女孩，但可以看到女

207

孩问题的复杂性。比如，一些发生性行为的女孩常常把寻求"温暖"视为第一需求，这或许说明，女孩子对情感的特别需求是不可忽略的。

极端的案例可以发人深省，但没有普遍意义。让我们看一看潮水般涌来的事实吧。大家一定不难发现，我们身边无数的女孩子都在减肥，即使那些非常苗条的女孩也深陷肥胖的恐慌之中，她们极为苛刻地对待自己正在发育的身体。研究发现，越是追逐时尚的女孩越可能自卑，因为她们根本无法达到所谓的时尚标准，于是她们就疯狂减肥。从普遍的趋势来看，女孩子为了优异的学习成绩，往往比男孩子付出更多的辛劳，更加缺少休息和运动，结果痛经成为女中学生最常见的疾病之一，甚至出现罕见的闭经案例。

我们不能说，今天的女孩都是明天的母亲，更不能说为了明天的母亲所以要重视今天的女孩，我们写《拯救女孩》的核心目的是为了每一个女孩的健康成长，为了她们获得一生的幸福。毫无疑问，今天的许多女孩都可能是明天的母亲，而有健康的女孩才会有健康的母亲，有健康的母亲才会有健康的孩子，也才会有健康的民族。

男孩女孩的教育到底有何不同？社会上流传着"女孩富养，男孩穷养"的说法，似乎女孩子需要养尊处优，男孩子则要体验饥寒交迫，这其中有许多误解。早在1998年，中国青少年研究中心和北京师范大学教育学院合作，进行了全国中小学生学习与发展的课题研究。我和郑新蓉教授在主持该研究时发现，女生最喜欢的学习方式是语言沟通、阅读和聊天，而男生最喜欢的学习方式则是运动、实验操作、使用计算机和参与体验。这或许可以视为因性施教的根据之一。当然，男孩女孩都需要关爱，都需要运动和阅读，但"女孩富养"的正解是女孩需要更深入细致的情感交流和更丰富的精神滋养，"男孩穷养"的正解是男孩需要更多的运动和历练。

与《拯救男孩》一书相比，《拯救女孩》更具有可读性和操作性。《拯救男孩》主要是给0—18岁男孩的父母和教师阅读，《拯救女孩》可能是所有女孩的父母和教师都值得一读，有阅读能力的女孩本身也会开卷有益的。同时,《拯救男孩》书中的教育建议仅16条,《拯救女孩》则增加到50条,并且是每一章都有5条建议。

在《拯救女孩》即将与读者见面的时候,我们特别感谢全国人大常委、民进中央副主席朱永新教授和国家督学、中国教育学会副会长朱小蔓教授欣然作序,特别感谢中国科学院院士、中国科普作家协会会长刘嘉麒研究员的郑重推荐,特别感谢著名女作家毕淑敏、全国妇联儿童工作部部长邓丽、中国人民公安大学犯罪心理学家李玫瑾教授、首都师范大学性教育专家张玫玫副教授、浙江师范大学儿童文化研究院院长方卫平教授、儿童文学女作家彭学军、北京青少年性教育工作者邓军等专家、学者的热情评点。

每一本书都是千人糕。《拯救男孩》和《拯救女孩》都是由作家出版社出版发行的,我们自然不会忘记感谢出版社特别是责任编辑王淑丽女士等人付出的艰辛劳动。感谢媒体朋友的积极推介。还要衷心感谢广大读者朋友,尤其是关心女孩的父母、教师和相关人士,是你们的呼唤才有本书的问世,是你们的阅读和使用才能实现本书的价值。

为了方便与读者朋友的交流,我留下自己的联系方式:

孙云晓网站(sunyunxiao.youth.cn)。自2000年以来,孙云晓每个月都会安排一个晚上,在19:30-21:00与大家在其网站聊天。聊天时间提前预告。孙云晓的新浪博客blog.sina.com.cn/m/sunyunxiao。孙云晓新浪微博地址:http://weibo.com./sunyunxiao

孙云晓通信地址:北京市西三环北路25号,中国青少年研究中心,邮编100089。

孙云晓的网易邮箱:9999syx@163.com

2011年4月6日于北京

专家学者点评

女人是爱的源泉，女孩是美的精华！祝愿少女们从《拯救女孩》中汲取营养，健康成长。

——中国科学院院士、中国科普作家协会理事长 刘嘉麒

这是一本充满了科学精神和人道关怀的好书。每一个孩子都是一个独特的世界，需要我们尊重和探索，并引导他们成长。

——著名女作家 毕淑敏

谁都知道，女孩的成长环境和成长经历决定了她们的心理水平，而她们的心理水平决定了她们未来的家庭与婚姻质量，更决定了她们怀中和身边孩子的心理成长质量。我常说：社会的许多问题都是人的问题，而人的问题取决于早年。社会和谐的起点是人，人的起点是母亲，是家庭中的女性。因此，关注女孩，拯救陷于窘境困境的女孩，就是帮助我们人类自己。

——中国人民公安大学犯罪心理学教授 李玫瑾

《拯救女孩》是迄今为止国内鲜见的一部关注当代中国女孩生存境况的著作。对于改善少女生存现实的关切与忧思使它在专业研究的基底上，仍然选择了与其姊妹著作《拯救男孩》相近的通俗论说风格，注重结合特定现象的提炼与分析，提出相应可行的建议或对策。对于女孩成长过程中的身体、尤其是少女性征与性行为话题的坦然面对与切实剖析，是这部著作最具教育和文

化冲击力的地方，它体现了著书者对于当代女孩生活现实的即时敏感与深入关切，也与近年来国际学界关于少女"性"话题的探讨实现了对接，其论说对教师、家长以及成长中的少女等都具有重要的精神和生活指导意义。

——浙江师范大学儿童文化研究院院长、教授　方卫平

今天的女童寄予着人们对真善美的追求和渴望。在社会思想多元多样多变的影响下，女童的身心健康、青春期呵护、自尊自信意识、人身权益保护等方面出现新情况、新挑战。我们为她们做些什么？这是学校、社会、家庭和每位父母面对的迫切问题。

——全国妇联儿童工作部部长　邓丽

妇女解放、争取女权是当今学者研究和身体力行的课题，目的是要做到真正的男女平等！而平等的含义是什么？一个前提：男性和女性在体格与人格间有很多不同！因此，正视差异，发扬优势，尊重彼此，学会沟通，达到和谐。如何能做到？其一，建设环境：如若我们的各种媒体包括政府、娱乐、商业，都能以此为原则进行宣传，可避免给人们（特别是青少年）以不科学的性别内容误导；其二，科学的性教育：无论是家长还是教师，都应使孩子悦纳自己的性别，并帮助他们建设自己的性别体格和人格，建立对自己性别的自信，并培养尊重性别差异的意识。

——首都师范大学副教授、北京性健康
教育研究会常务副理事长　张玫玫

女孩是地球上最为柔美、敏感、明媚的生命，那么纤细多变的心思，那么曼妙鲜润的身体，会有多少歧路、误区、诱惑、选

择横亘在她们成长的路上呢？好比走在深林中的小红帽吧，该往哪里走才能避开危险、走出迷茫？她们需要一个指引、一声叮咛、一份祝福，这可以来自她们的老师或长辈，也可以来自一本叫《拯救女孩》的书。

——著名儿童文学作家　彭学军

做了这么多年青春期少年的心理咨询工作，我不仅了解孩子们，也了解孩子们的父母。豆蔻怀春的少女无论在生理上心理上还是在感情上，本就是弱势一方，更容易受到伤害。如何能让我们的爱女健康、自信、独立地成长？父母们不妨拿起这本《拯救女孩》，静静地细读，同孩子一起阅读最好，相信您和孩子都会有所收获。

——北京青少年性教育专家　邓军

图书在版编目（CIP）数据

拯救女孩/孙云晓、李文道著. - 北京:作家出版社,
2011. 5

　ISBN 978 - 7 - 5063 - 5832 - 3

　Ⅰ.①拯… Ⅱ.①孙… ②李… Ⅲ.①女性 - 儿童教育:家
庭教育　Ⅳ.①G78

中国版本图书馆 **CIP** 数据核字（2011）第 062461 号

拯救女孩

作　　者：孙云晓　李文道
责任编辑：王淑丽
装帧设计：曹全弘
出版发行：作家出版社
社　　址：北京农展馆南里 10 号　　邮码：100125
电话传真：86 - 10 - 65930756（出版发行部）
　　　　　86 - 10 - 65004079（总编室）
　　　　　86 - 10 - 65015116（邮购部）
E - mail：zuojia@ zuojia. net. cn
http://www. zuojia. net. cn
印刷：三河市紫恒印装有限公司
成品尺寸：170 × 240
字数：200 千
印张：14. 25
印数：001 - 40000
版次：2011 年 5 月第 1 版
印次：2011 年 5 月第 1 次印刷
ISBN 978 - 7 - 5063 - 5832 - 3
定价：25. 00 元